相手は変えられない ならば 自分が変わればいい

マインドフルネスと心理療法ACT（アクト）でひらく人間関係

ラス・ハリス

岩下慶一・訳

ACT with love

Stop struggling, reconcile differences, and strengthen your relationship with acceptance and commitment therapy

Russ Harris

筑摩書房

多くの愛と援助と励ましを私に与えてくれ、
本当にさまざまなやりかたで私の人生を豊かなものにしてくれた、
兄エイドリアンと義理の姉マーガレットに。

contents

第3部 良い関係を作ろう 55

付録

はじめに　恋愛とは骨の折れるもの

恋愛関係は素晴らしいものだが、悩みの種でもある。幸せの絶頂にあるかと思えば、最低の気分に落ち込ませる。愛の翼に乗せて成層圏に連れて行ってくれたかと思えば、次の瞬間泥沼に叩き落す。恋愛の初期には相手を優しく抱きしめ、心臓はボクサーのそれのごとく胸から飛び出さんばかりに打っていたのに、少しするとこれらの至福の感覚は去ってしまう。そう、それは消え失せる。跡形もなく消滅するのだ。代わりにやってくるのは怒り、恐れ、悲しみ、フラストレーション、孤独、後悔、自暴自棄、あるいはもしかすると苦痛、軽蔑、不快感、憎しみかもしれない。

なぜこんなことになってしまうのだろう？　答えは簡単だ。感情とは移り変わるものだからだ。それはちょうど天気のようなものだ。夏の猛暑や冬の凍える寒さもやがては収まる。私たちの感情も同じだ。あなたのパートナーがどんなに素晴らしくても、二人の絆がどんなに強固でも、最初の愛の感情はいつまでも続かない。だが不安がる必要はない。それらが消えてしまうのは避けがたいことだが、必ず戻ってもくるからだ。そして再び去っていく。だがまた戻ってくる。この繰り返しはあなたが死ぬまで続く。人間の持つ他の感情、恐れや怒り、喜びや至福とまったく同じだ。冬の後には春が来るように、感情も現れては去っていく。

多くの人は薄々このことに気づいている。だがすぐに忘れてしまうのだ。私たちは恋愛感情に囚われ、それがいつまでも続くと思い込む。パートナーが自分の要望に応え、望むとおりに行動し、望みを叶え、人生をより良く、心安らかで幸福なものにしてくれることを期待する。そしてこの幻想が現実によって壊されると激怒するのだ。人間という存在のおかしなところは、最も多くの時間を過ごす最も親密な誰かが、最も癇にさわる人物でもあることだ。上司や同僚、隣人などによる意地悪な物言いや冷たい拒否、辛辣な批判、激しい怒りなどは不愉快ですむのに、それが愛する人から発せられると本当に傷ついてしまう。

愛は人を傷つきやすくする、という事実からは逃れようがない。他者と親密になり心を開く、つまり防御を外してハートで受け止めるということは、自分が傷つくのを恐れないことでもある。愛と痛みはダンスのパートナーのようなもので、常に手を携えているのだ。私の言葉を鵜呑みにしないで、自分の経験を振り返ってほしい。長期間の親密な関係で、まったく傷つかなかったことがあっただろうか？

つまりこういうことだ。あなたが家を持っていたら修繕や燃料の支払いは必須だ。赤ん坊がいたら汚れたおむつと眠れぬ夜はついて回る。そして親密な関係にも苦痛とストレスがつきものなのだ。これは人間についての不都合な真実である。人生を誰かと共有することは素晴らしくて、気分を高揚させる荘厳な経験だが、時には恐ろしい体験にもなり得るのだ。

シンガーソングライターや詩人、恋愛小説家、そしてグリーティングカードの製造元は、この不都合な真実を無視しようと躍起になっている。彼らは人々に、古びた神話を信じさせておきたいのだ。「この世界のどこかで、完全なパートナーがあなたを待っている。その人に会うまでは不完全で満たされず、半分眠ったような人生を過ごさざるを得ない。だがいったん完全なるパートナーを見つけたら、あなたはすぐに恋に落ち、自然に至福に導かれ、それが永遠に続く」

ちょっとふざけすぎたかもしれない。だが実際、私たちの多くは恋愛や親密さについて非現実的な期待を持っている。その信念は映画や小説、演劇や歌、テレビ、詩、雑誌、新聞、職場のゴシップ、善意の友人、さらにはセルフヘルプ本によって繰り返し強化されていくのだ。こうした話に惑わされ、それをもとに恋愛関係を考えはじめると、永遠の愛を育もうとする行為が結局はそれを破壊してしまう、という悪循環に陥る。

私たちは間違った方法で愛を見つけようとすることで、現代社会に悲劇をもたらしている。西洋のほとんどの国家で、離婚率は五〇％に届こうとしている。何とか続いている結婚生活でも、多くの人は孤独や空虚さ、みじめさに苛まれている。その結果、人々は長期にわたる関係（結婚でもそうでなくても）に不安を感じるようになり、それらが悲しみや苦痛、あるいは裁判沙汰を引き起こすことを恐れている。一人で暮らす独身者の数が歴史上最高であるのもうなずける。

不愉快で落ち込む事実だろうか？　恐れることはない。この混沌とした状況に秩序をもたらす方法はある。本書でそのやり方を伝授する。あなたは愛についての役に立たない考えや態度を捨て去る方法を理解する。いつまでも続く本物の、親密で愛に満ちた関係を作る方法、またそうした関係性につきものの苦痛への対処法が見つかる。悲しみや拒否、恐れを上手に扱い、怒りや不満・憤りに効果的に対処し、自分のパートナーを、そして自分を許し、信頼が損なわれてしまったとしてもそれを修復する方法を会得する。さらには自分の望みを相手に伝えたり、互いの相違点を調整する際に生まれる緊張やストレスを軽減する方法、そして苦痛や対立による傷を優しさや気遣いに変える方法も学ぶ。

■恋愛におけるＡＣＴ療法

本書は「アクセプタンス＆コミットメント・セラピー」あるいはＡＣＴとして知られる、最近の心理学の革命的な進歩に基づいている。ＡＣＴ（エー・シー・ティー）ではなく「行動」、アクトと発音する）は心理学者スティーブン・ヘイズによって米国で創始され、カーク・ストローサルやケリー・ウィルソンを始めとする彼の同僚によってさらなる発展を遂げた。ACTは、うつから薬物中毒、仕事のストレス、統合失調症に至る、人間にまつわる様々な苦痛への効果が実証されてきた、科学に基づいたセラピーである。興味深いのは、行動心理学の最先端の研究に基づいているACTが、いにしえの東洋の伝統と多くの一致があることだ。

ACTは多くの強力な原理に基づいており、それらはあなたの心理的柔軟性を発達させる。多くの科学研究が、心理的柔軟性が増すほど人生がより充実したものになることを明らかにしている。「心理的柔軟性」とはどんなものだろうか？　それは、開かれた心、深い認識、集中などによって状況に適応する能力、自分の持つ価値（何者になりたいか、何を支持したいかなどについての、心の最も奥に眠る欲求）のことだ。分かりにくい？　では少しシンプルにしよう。心理的柔軟性は二つの部分から成っている。

1．それは、心理的に「現在」に存在する能力、いわゆる「マインドフルネス」と呼ばれる心の状態だ。マインドフルネスはあなたに以下の状態をもたらす。

●心を開き、好奇心をもって「今現在・この瞬間」の体験に完全に意識を向けることができる。
●自分のしていることに集中し、没頭できる。
●苦痛な思考や感情の影響を軽減できる。

2．効果的な行動を起こす能力、別の言い方をすれば、以下の状態をもたらす。

●衝動的・無分別ではなく、自覚的で慎重な行動ができる。

●「基本的価値（本質的な価値）」によって動機づけられ、刺激され、導かれた行動ができる。
●状況に合わせた柔軟で順応性のある行動ができる。

もっとシンプルに言えば、心理的柔軟性とは、現在に意識を置き、心を開き、その時すべきことをすることだ。心理的柔軟性が増すほど、困難な感情に効果的に対処する能力、役に立たない思考プロセスを打ち壊し、自分を制限する思い込みを超越し、現在の行動に集中・没頭し、効果のない、あるいは自己破壊的な行動を変える能力が高まり、より良い恋愛関係を築くことができる。

ACTはもともとはうつや不安などに対処するための手法だが、根本の原理は人間関係の問題に大きな効果を発揮する。あなたがこの本を読み進めるうちに身につくのは「マインドフルネス」、開かれた心と好奇心を持って完全に目覚めていられる能力だ。もう一つは自分の心の最深部に存在する「価値」、どんな人間になりたいか、人生で何を大切にしたいかが明確になることだ。そしてそれを自分の行動の基準にできる。本書が取り組むのは配偶者やパートナーとの親密な関係性だが、基本の法則は子供、親、友人、隣人、同僚など、あらゆる人間関係に役立てることができる。

■この本はどんな人に役立つか？

本書が扱うのは普通のカップルの一般的な人間関係であり、ドメスティックバイオレンス（DV）や深刻な依存症などの極端なケースは除外する。私は次の四つのカテゴリーの読者のために本書を書いた。

●現在の関係はまあまあだが、もう少し豊かなものにしたい。

●現在の関係性は良くないが、修復を望んでいる。
●現在、特に誰かと関係を結んでいないが、なぜ過去の関係がうまくいかなかったのかを学び、次回に役立てたい。
●セラピストかカウンセラー、またはコーチをしており、恋愛問題に取り組む際のヒントを得たい。

あなたが最初の二つのカテゴリーのどちらかに入るなら、あなたのパートナーは喜んで一緒に本書の内容を実践してくれるだろう。だが本書の強みは、パートナーが興味を示さなくてもあなた一人で関係性を向上させることができる点だ。

■本書の使い方

本書は三つの部分から成っている。第1部「素晴らしい愛が台無しに」では、なぜ関係性がうまくいかなくなってしまうかについて考察する。第2部「誓いを立てる」では、あなたが現在の関係を続けるべきか別れるべきか、続けたい場合は何が必要かについて考える。第3部「良い関係を作ろう」では、あなたがどんなパートナーになりたいか、どんな思考や感情が恋愛関係の邪魔をするか、マインドフルネスがそうした状況をどのように改善するかを見ていく。また、対立や苦痛などが避けがたいものであること、お互いの違いをうまく調整する方法なども見る。そして最後に、積極的に関係を強め、永続的に深めるための方法を見ていく。

この本には様々な問題を抱えたカップルが登場する。そのいくつかはあなたの問題と同じかもしれない。私は関係性の問題に何年も取り組んできた。本書で紹介する話は色々な人々の物語を複合したものになっていて、プライバシーを守るために名前や物語の細部は変えられている。これらの話は誰かの人生に起こった事実というわけではないが、関係性の問題を抱えたカップルが体験する典型的な苦難と成功の例である。

本書では、常にACTの基本的原理に立ち返る。あなたは自分と、自分の人間関係を豊かにするためにそれらを使う方法を学ぶ。もちろん本書を読むだけでは何も変わらない。テニスの本を読んでもテニスプレイヤーになれないのと同じことだ。まず実際にボールを打たなければならない。人間関係も同じだ。関係を向上させたければ、本書で学んだ知識を応用し、練習しなければならない。簡単ではない時もある。だが他に方法はない。愛に満ちた関係を築き上げるには、あるいは崩壊していく関係を修復するには、時間と努力、根気がいる。だが私は自信を持って言う。本書のテクニックを繰り返し行えば、人生により多くの愛と豊かさを呼び込めるだろう。やってみる価値があると思うなら、どうか読み進めてほしい。

第1部

素晴らしい愛が台無しに

第1章　恋愛はミッション・インポッシブル？

恋に落ちることは簡単で、誰にもできる。好きなものを食べたり、面白い映画を見るのとさして変わらない。大した努力もなく大きな喜びが得られる。だが恋愛感情を持ち続けることはかなり難しい。実際、相当大変なことだ。私たちが長年にわたって刷り込まれてきた、あらゆる種類の馬鹿げた先入観があるからだ。私たちが最初に吹き込まれたおとぎ話「王子様とお姫様は末永く幸せに暮らしました」から、映画のヒット作や本、テレビドラマなどで繰り返されるハリウッド的エンディングまで、私たちは同じ神話をうんざりするほど聞かされている。主なものを四つ挙げてみよう。

■神話1　完璧なパートナーが存在する

この広い世界のどこかに、あなたにとって完全なるパートナーが存在すると思ったことはあるだろうか？　そう、それは存在する。あなたにとって夢の女性あるいは男性が、救いようのない孤独を背負い、無為な時を過ごしながら、あなたが発見してくれるのを待っている。「探せ。さすれば汝は自らの夢をすべて叶え、望みのものを得て、永遠の歓喜をもたらす伴侶を見つけるであろう」

まったくその通りだ。そしてサンタクロースも存在する。

実際には、完全なるパートナーなどどこにもいない。完璧なカップルというものも存在しない（言い古されたジョークがある。〝カップルというのは二種類しかいない。最高の関係を維持しているカップルと、あなたが現実に知っているカップルだ〉）。だがこの思い込みを振り払うのは簡単だろうか？　自分のパートナーを他の誰かと比較するのをやめるのはひどく難しいことではないだろうか？かつてパートナーになる可能性があった誰か、パートナーにしたであろう誰か、パートナーにすべきだった誰か、あるいは付き合っていたのに何らかの理由で別れてしまった誰かを、どうしても美化してしまうのではないか？　今のパートナーの欠点やあらを挙げつらい、相手が変わってくれたら人生がどんなに良くなるかを考えないようにするにはどうすればいいだろう？

そう、それはとんでもなく難しい。少なくとも普通の人間には。だが、だからと言ってあきらめる必要はない。あなたが望むなら変化は可能だ。この思考パターンにはまっているおかげで失っているものを見てみよう。それはどれだけのフラストレーション、怒り、失望感を生み出しているだろうか？

もちろん、パートナーがあなたのことを顧みずにやりたい時にやりたいことをするのを許すように、と言っているわけではない。それでは健全で生き生きした関係にはならない。私が勧めるのは、自分の心の中にある、自分のパートナーはこうあるべきだ、恋愛関係はこうでなければならない、などといった信念を見つめ直すことだ。自分のパートナーや二人の関係に対する否定的な判断に気づき、自分がそれらに囚われていることがどんな影響を及ぼしているかに気づくのだ。それは二人の関係の助けになっているか？　それとも害をもたらしているのか？

■神話2　あなたが私を完璧にしてくれる

私は恋愛映画の大ファンだ。『フォー・ウェディング』『ブリジット・ジョーンズの日記』『恋人たちの予感』などが私のお気に入りの映画で、特に好きなのは『ザ・エージェント』だ。その中に偉大なセリフがある。「君は私を完全な存在にしてくれる」。これは主人公のジェリー・マグワイアーが、彼女をどんなに愛しているかを伝えるために、映画の終わりに言う言葉だ。これを聞いた時、私はポップコーンを喉に詰まらせてしまった。

これは、まったくもって役に立たない考えだ。もしこんな神話を信じて、パートナーがいなければ自分は不完全な存在だと考えるなら、あらゆる種類の問題が引き起こされるだろう。あなたは愛に飢え、依存的になり、一人でいるのが怖くなる。これでは健全で生き生きした関係の助けにはならない。だが安心してほしい。パートナーがいようがいまいが、あなたはすでに完璧な存在だということが本書を読むうちに分かってくる。もちろん、あなたの心が他の人と同じようなものであれば、簡単には同意しないだろう。

私たちの心はもともと自己批判的で、自分がいかに不完全かを主張するのが大好きなのだ。だが心がどんなに抗議しようと、この本の内容を実践すれば、あなたは自分の中に他者とは無関係の全体性と完全性を見出すだろう。あなたは恋愛関係において自分自身により忠実になれる。自分を率直に表現し、自分の欲しいものをはっきり言い、拒絶や見捨てられることへの恐怖に縛られて尻込みすることなく、堂々と自分を主張できる。

■神話3　愛は簡単であるべきだ

愛が簡単？　うーん、これについて少し検討してみよう。

次のような誰かと、長いこと親密に生活するのは簡単だろうか？

A．考えや感じ方が違う。

B．興味が異なる。
C．家事やセックス、お金、宗教、子育て、休日の過ごし方、仕事と生活のバランス、価値ある時間についての考え方が違う。
D．コミュニケーション、交渉、自己表現の仕方が違う。
E．楽しいと感じるもの、恐れるもの、嫌悪するものが違う。
F．食べ物やセックス、スポーツ、遊び、仕事などへの意欲が違う。
G．清潔さや整理整頓についての基準が違う。
H．あなたとウマがあわない友人や親戚がいる。
I．昔からの習慣、変わった癖がある、など。

さあ、それでも愛は簡単だろうか？　あなたはまだこの主張を信じるだろうか？

もちろん、パートナーが自分に近い人間だと心は敏感にそれを感じ取る。相手と自分との相違点が少ないと、二人の関係はずっと簡単になる。それは間違いない。だが、神話1の「完璧なパートナー」を思い出してほしい。先ほど挙げたものも含め、あなたとパートナーの間にはここで挙げた項目のいくつか、あるいはすべて、そしてその他にもあらゆる面で相当な違いがある。だから恋愛は簡単ではないのだ。それにはコミュニケーション、交渉力、妥協、相違点の許容が必要になる。また、自己を主張すること、自分の欲望や感情に忠実であることも大事だ。自分の健康や幸福が脅かされる場合には、妥協せず毅然と拒否することも重要だ。これはとても難しい。だが、パートナーが自分と同じように考え、感じ、行動するはずだと思っているなら、行きつく先は失望とフラストレーションしかない。

確かに他に比べて共通点が多いカップルもいる。楽天的で穏やか、おおらかなカップルもいる。優れたコミュニケーション能力を持つカップルや、嗜好が似通っているカップルも存在する。二人ともロッククライミングに夢中なカップルの方が、一人は浜辺の日光浴が大好きで、もう一人は大嫌いなカップルより休暇のプランを立てるのは簡単だろう。

だがどんなにたくさん共通点があろうと、神経にさわる違いというものは無くならない。幸いなことに、ACTではその名が示すように「アクセプタンス〔受容〕」にフォーカスする。パートナーとの違いを受け入れることを学ぶにつれ、あなたのフラストレーションや腹立ち、怒りが消えていき、正常な関係がもたらす喜びを享受できる（一つ憶えておいてほしい。〝受容〟だけがACTのキーワードではない。〝コミットメント〔専心〕〟もある。本書では受容だけでなく、関係向上のために心からの行動〔コミットメント〕を起こすことについても述べる）。

■神話4　永遠の愛

永遠の愛は本当に存在するのだろうか？　これは微妙な質問だ。人々が愛について語る場合、それは思考、感情、そして感覚の入り混じった心の状態を指している。このように愛を定義する場合の問題点は、感情がそれほど長続きしないということだ。ちょうど雲が大きくなったり縮んだり、消え去ったり再び現れたりするように、感情も常に変化する。つまり、愛が感情だとするならば、永遠には続かないことになる。

恋愛の初期、愛の感情は強く持続し、復活するのも非常に早い。いわゆる「ハネムーンの段階」、ロミオとジュリエットのように頭からつま先まで愛に浸っている状態だ。残念ながらこれは長くは続かない。平均して半年から一年半で、三年続くのは珍しい。それが終わりを迎えると、私たちは喪失感に襲われる。ハネムーンの時期は非常に心地よい。というか、最高だ。多くの人はハネムーン段階が終わるとこう言ってパートナーと別れる。「もううんざり。もう愛を感じない。結局、正しい相手じゃなかったってことだね。もう別れよう」

これは非常にもったいない話である。ほとんどの人が、真の、愛に満ちた、意味ある関係は、ハネムーンの段階が終わって初めて育つということを理解していない（これまた、作詞家や詩人、シンガーソングライターが忘れている事実である）。依存性があり、五感を狂わせる麻薬をやっているようなもので、麻薬が効いているうちはパートナーが素晴らしく見える。だが、あなたが見ているのは真実ではない。それは麻薬によって作られた幻想だ。そして麻薬の効果がなくなると、パートナーのありのままの姿が現れる。あなたの騎士の輝く甲冑はところどころ錆が浮き、彼の乗る白馬は灰色のロバであることが分かる。愛する乙女の絹のドレスは安手のナイロン、彼女の長い髪はカツラである。これはかなりショックだ。だが、お互いの真の姿に気づいたここからが、本当に親密な関係を築くチャンスなのだ。こうした関係が発展し、新しい愛の感覚が現れる。激しく、めくるめくような愛ではないが、より豊かで幸福な愛が。

■愛を行動としてとらえる

色々見てきたが、ここで愛について少し役に立つ提案をしたいと思う。愛を感情ではなく行動としてとらえてみよう。愛の感情は非常に気まぐれで、コントロールするのは不可能だ。だが愛の行動は、あなたが何を感じていようとコントロール可能だ。私たち夫婦がケンカをすると、二人とも激しく言い争う。声はどんどん大きくなる。最後は互いが荒々しくそれぞれの部屋に引っ込むことで終わる。これはまったく何の役にも立たない。親密さを取り戻すことはできない。問題を解決することもない。

単なる時間の無駄であり、二人の関係から活力を奪う。こうした場合、なるべく早く仲直りすることが二人のために良いことを、私は苦い経験から学んできた。妻が最初に和解してくることもあれば、私からすることもある。どちらの場合でもすぐに和解する。

それは簡単ではない。心を開き、自分が消耗する前に怒りに場所を空けてやる必要がある。自分が正しく相手が悪いという考え方から離れなければならない。自分の価値に立ち戻り、自分がどんなパートナーになりたいか、どんな関係を築きたいかを思い出すのだ（訳注：ＡＣＴにおける価値とは、自分が価値を置くもの、自分の信条などを言う）。それができたら行動を起こそう。

数週間前、妻のカーメルと私はかなり大きなケンカをやらかし、この時は私のほうから歩み寄った。私の怒りは収まっておらず、依然自分が正しいと思っていたが、「正しさ」の追求よりも和解の方が大切だった。私は寝室に行き、本を読んでいたカーメルに怒鳴ったことを詫び、抱擁（ハグ）する気分かどうか聞いた。彼女は「そうでもないが、あなたがしたいならしてもいい」と言った。私たちはベッドに横になって抱擁した。だが私はカーメルへの愛が感じられなかった。感じたのは緊張、フラストレーション、怒り、自分の正しさ、再び議論して勝ちたいという渇望だった（カーメルもまったく同じ気持ちだった）。だが、こうした感情にもかかわらず私たちは抱擁し続け、ついに感情を落ち着けた。愛の感情はなかったが、「愛の行動」を行ったのだ。

愛を感じない時に愛の行動をするのは非常に効果的だ。愛の感情はすぐに消え失せるし、コントロールも不可能だが、愛の行動はいつでもどこでもできるからだ。これはあらゆる人間感情に適用可能だ。怒りに震えている時でも穏やかに、不安な時も自信たっぷりに行動できる。この能力はＡＣＴの重要なテーマの一つだ。感情をコントロールしようとするのをやめ、行動をコントロールする（ＡＣＴをエー・シー・ティーではなくアクトと発音するのは、行動を重視するからだ）。

■神話を超える

世の中にはびこる愛の神話はたくさんある。さきほど紹介したのは「四大神話」だ。これらは一つの大嘘にまとめることができる。「正しいパートナーを選べばあなたは完全な存在になれる。そして残りの人生を深い愛に満ちて全うできる」。私はこの説をミッション・インポッシブルと呼んでいる。これを信じるのは現実に戦いを挑むことだからだ。

ではどうすればよいか？　これっぽっちも愛を感じない惨憺(さんたん)たる関係でも、愛の行動をする？　それも一つの選択肢だ。だが私はお勧めしない。この本の目的は、現実世界の限界の中で可能な限り最高の関係を築くことだ。それは、あなたが愛の行動を起こせる関係、パートナーがしてくれることに感謝できる関係、違いを受け入れることを学べる関係、自分の感情を効果的にコントロールでき、そしてあなたが世を去る日まで着実に育てていける関係だ。信じられない？　それは良い兆候だ。私は読者に、この本に書いてあることを鵜呑みにしないよう勧めている。まずやってみて、どうなるか自分で確かめてほしい。

今後数日間、自分のパートナーおよびパートナーとの関係について、あなたが間違っていると思っていることをノートに書き出してほしい。そして、それらが何らかの意味で四大神話に関連していないか見てみよう。毎日、数分の時間をとり、これらの考えを日記に書き出す。数日したら、以下の質問に答えてみよう。

●自分のパートナー、あるいは二人の関係のどこが悪いのか考えている時、どんな気分だろうか？
●これらの考えを信じること、あるいはそれについてくよくよ考えることは、二人の関係にどんな影響を与えるか？

注意：私は本書を通じて日記をつけることを勧めている。あるいは、ネット上にある無料の素材を使う方が簡単かもしれない。筑摩書房のホームページwww.chikumashobo.co.jpから、本書に出てくるエクササイズのワークシートが無料でダウンロードできる（「ラス・ハリス ワークシート」で検索してください）。

次の章では、恋愛関係から愛を取り去ってしまうものの正体を見ていく。だが読み進める前に、どうかこのエクササイズをやってみてほしい。少なくとも考えてみてほしい。そうすれば私が次にする質問に答える準備ができるはずだ。

第2章　あなたが抱えている問題は何か？

インディラ……「以前は二人で楽しく過ごしたのに——週末は一緒に出かけたり、友人を招いてディナーやパーティーをしたり。今、彼が興味あるのはテレビのスポーツ番組だけ。私は楽しみたいのに！」

グレッグ……「彼女は俺が大富豪かなにかだと思ってるらしい。浪費してばかりだ。服、本、台所用具、ガラクタばかり買い集める。果てはプラズマスクリーンのテレビまで。家のローンを終わらせなきゃならないのが分からないのか」

ジェーン……「彼はもうセックスに興味がないみたい。ベッドに入るのは私が寝てからだし、私が目覚める前に起きてしまう。確かに子供を産んでから太ったわ。でも……」

ディミトリ…「彼女は僕の言い分を聞こうとしない。いつも彼女の決めた通りに事を進める。正しいのはいつも彼女で反対は許さない。そして望む通りにならないと激怒するんだ」

マリア………「彼はいつも怒ってばかり。仕事から戻ってくると私や子供たちを怒鳴りつけるの。何に対しても文句を言ってばかり。彼を喜ばせる方法なんてないわ」

ジェイソン…「彼女はまるで氷の処女に変身したみたいだ。僕が体に触れることさえ許さない。僕がそばによると、〝近づかないで！〟みたいな態度さ」

デニス………「彼はほとんど家にいない。いつもオフィスか、友達と出かけてばかり。そうでなければ車をいじってるか。家にいる時も私の話なんて聞きゃしない。自分の頭の中に引きこもってるんだわ」

マイク………「なんであいつは後片付けができないんだ？　散らかし屋は男の専売特許だと思ってたが、そうじゃなかった。俺はいつも彼女の後始末と掃除ばかり。これじゃまるで主夫だよ」

どれもどこかで聞いたような文句ではないだろうか？　これらは私がカウンセリングルームで聞かされる苦情の代表的なものだ。私は長年、様々な経歴の人々をカウンセリングし、口臭から服の趣味の悪さまで、およそ考えられる限りのパートナーへの批判を聞いてきた。友達がいない、おかしな友達ばかりだ、おしゃべりが過ぎる、無口に過ぎる、まったく意味のないことをしゃべる等々。私たちがパートナーに見出す欠点の数はほとんど無限である。パートナーとの関係であなたが抱えている問題は何だろうか？

あなたとパートナーは争い、ふてくされ、互いに避けあっていないだろうか？　セックスやお金、家事、子供を持つこと、子育て、引っ越し、転職などについて意見が合わない？　孤独で愛されていないと感じている？　あるいは拒絶され、悪口を言われ、いじめられ、パートナーの尻に敷かれている？　退屈している？　家族や健康、仕事、お金についてプレッシャーを感じている？　それとも子供に関する問題や病気、失業、訴訟、退職その他の問題で四苦八苦している？　ストレスでいらつき、協力して問題に立ち向かう代わりに、互いに八つ当たりしていないだろうか？

■人生と愛を消耗させる五つのプロセス

あなたが抱えている問題がどんなものだろうと、根底にあるのは二人の関係から親密さや活力を奪ってしまう五つの基本プロセスだ。憶えやすいように頭文字をとってＤＲＡＩＮ（枯渇）としよう。

D……Disconnection　接続が切れる、切断する
R……Reactivity　反応的になる
A……Avoidance　回避する
I……Inside your mind　心に囚われる
N……Neglecting values　価値を無視する

■D：接続が切れる

あなたは誰かと特別につながった感覚を持ったことはあるだろうか？　相手は恐らくあなたのパートナーだろう（少なくとも恋愛の初期、問題を抱える以前の話だが）。「接続 connection」はラテン語の com（一緒に）と、nectere（結びつける）からきている。つまり「接続」とは、誰かと結びつく

こと、特別なやり方で一体化することを意味する。誰かとつながると、私たちは心理学的に「現在に在る」状態になる。相手と一緒に今この瞬間に存在し、それに完全集中するのだ。

誰かと本当につながるためには、まずその相手に注意を向ける必要がある。だがそれだけでは充分ではない。特別な態度で注意を向けなければならない。心を開く、好奇心を持つ、受容する、等が必要になる。心を開くというのは、防御も敵意も隠れた意図もない、こぶしを握り締めたり相手を非難したりせず、腕組みを解き両手を広げて相手を受け入れ、抱擁することだ。好奇心とは相手に対する純粋な興味を意味する。相手に対する先入観を手放し、相手について学ぼうとする。彼はどんな人物か、今この瞬間何を欲しがっているか、何を必要としているか。受容（アクセプタンス）とは、相手が差し出すものを喜んで受け入れること、相手が自分とシェアしようとするものを、それが何であれ受けとることだ。

すでに書いたように、好奇心を持ち、心を開いて注意を向けることは一般に「マインドフルネス」として知られている。誰かと「マインドフルに」つながると、私たちは自分を特別な存在と感じ、気遣われ、大切にされ、感謝され、尊敬され、価値を置かれていることを実感する。一方、誰かとのつながりが切れた時、つまり相手があなたとの交わりを避け、冷淡で閉鎖的になり、自分の思考に取りつかれてあなたへの興味を失った時、相手があなたに退屈したり、腹を立てたり、気もそぞろな態度をとる時、あるいはあなたを邪魔者、不快な闖入者扱いする時、あまりいい気分はしないだろう。

まずいことに、誰かにつながりを断たれると、人は自分も同じことをして復讐し、悪循環にはまり込む。あなたが相手とのつながりを断つほど（あるいは相手がつながりを断つほど）かつての親密さと優しさは失われていき、後には誰も住めない荒涼とした空間が残るだけだ。

■R：反応的になる

ボブは三歳の息子ダニエルとモンキーズ（子供の片方の手と片方の足をつかんで振り回す遊び）をして遊んでいた。ボブがダニエルの腕と足をつかんで振り回すと、彼は大喜びで声を上げた。だがボブが彼を落としてしまい、陽気な騒ぎは恐怖の時間に変わった。床に打ち付けられる音が部屋に響き渡り、凍りつくような沈黙の後、ダニエルは顔にケガをし、バンシー（アイルランドの妖精）のように泣きじゃくった。妻のサラが顔を真っ赤にして駆け寄り叫んだ。「あなたってなんて無責任なの！」。ダニエルの背中を優しく叩きながら、彼女の怒りの視線がボブを射抜いた。

彼女はダニエルをひったくると言った。「もう大丈夫よ、何てひどいお父さんでしょう！」。ダニエル

ボブは激怒した。彼にしてみれば、サラの反応はまったく不当なものだった。彼は彼女に言い返した。「この性悪が！」。そして荒々しく部屋を出ていった。

ボブとサラの行動は「反応」の好例である。二人とも、その場の状況に自覚的に、心を開いて、自己を抑制して対応するのではなく、無意識に反応してしまったのだ。私たちは「反応」モードに入ると、思考と感情に操り人形のように支配されてガクガクと動く。自分を見失い、自分の行動に対する自覚もほとんどなくなる。反応的になると、私たちは衝動的に、無思慮に、無意識に行動する。まるで自分の思い込みや判断に視界を狭められ、感情に突き動かされるかのようである。パートナーに対してあなたが反応的になるほど行動は破滅的になり、二人の関係は窒息していく。

■A：回避する

ある時、私は六〇〇人の聴衆を前にしてこう質問した。「気分が悪くなりたい人は手を挙げて」。一つも手は挙がらなかった。当然だ。人間は不快な感情を嫌い、それから逃れようと必死になる。これ

はまったく自然なことだ。だが同時に問題でもある。人生において不快から逃れようとするほど、状況は悪化する傾向があるのだ。これについては膨大な科学的裏付けがある。体験回避（不快な感情を避けようとする行動）の衝動の強さと、うつや不安、ストレス、中毒、その他の健康問題の増加には直接的な関係がある（Hayes et al. 1996）。

なぜこのような結果になるのだろうか？　理由は、私たちが回避のために使う方法にある。例えば、体に何かを取り入れる、現実から目をそらす、コンフォートゾーン（心地よいゾーン）に引きこもる等々だ。一つ一つ見ていこう。

●体に何かを取り入れる。

気持ちよくなるために体に物質を取り入れる——人間はこの方法のエキスパートだ。ほんのいくつか挙げると、チョコレート、ピザ、ビール、ワイン、タバコ、大麻、ヘロイン、睡眠導入剤、エクスタシー、フライドポテト、アイスクリームまで様々だ。これらは、ごく短い期間は不快な感情を和らげてくれるが、長期間依存すると私たちの健康や幸福を台無しにする。

●現実から目をそらす。

悪い気分の時、私たちはそれを忘れようとする。テレビ、コンピュータ、クロスワードパズル、さらには派手なパーティーや仕事に没頭する、散歩に行く等々、使えるものは何でも使って現実から目をそらそうとする。しばらくは不快な感情から逃れられるが、これもしばしば生活に悪影響を及ぼす。第一に時間の浪費だ。退屈や不安、孤独などを避けるためにテレビやネットサーフィン、読む価値のない雑誌にあなたが費やした時間はどれくらいだろうか？　その時間をもっと重要で意味あることに使っていたらどうなっただろう？

第二の理由。現実から目をそらそうと努めている時は、人生を充実させるための行動ができない。これらは特に恋愛関係でよく見られる。私たちは、パートナーとの関係を改善するよりも、単に良い気分になるために行動してしまうのだ。

●コンフォートゾーンに引きこもる。

困難な状況は恐怖、不安、怒り、フラストレーションなどの不快感を生む。これらの感情を避ける一つの方法は、そうした状況に近づかないことだ。それは可能だろう。たとえば、パートナーとの会話を拒否することも一つの方法だ。あるいは相手の話を聞くことを拒絶するとか、同じベッドで寝るのをやめるとか、感情を乱されたらすぐに会話を終わらせたり、部屋を出ていくのもいいだろう。困難な状況を避けるべき時もあるだろう。対立がエスカレートした時は中断すると宣言し、互いに頭を冷やしてから再開するのはいい方法だ。だが困難を避けることを習慣にすると、長期的には悪い結果を生む。

よく言われる、「コンフォートゾーンに引きこもる」というやつである。残念ながらコンフォートゾーンはそれほど心地よくない。その中に閉じこもるほど身動きがとれなくなり、落ち込み、人生の敗残者になってしまう。こうなると、コンフォートゾーンではなく「停滞ゾーン」あるいは「半分死んだゾーン」と呼ぶべきだ。もしあなたが二人の関係を育てていきたいなら、困難な状況に進んで飛び込み、それが生み出す不快な感情を受け入れてやる必要がある。困難を避けてばかりいると、関係は停滞に向かってまっしぐらである。

結局のところ、回避はそれが適切な場合を除いて二人の関係に悪影響しか与えない。あくまで程度問題だが、カップルのどちらか片方、あるいは両方が回避をする度合いが高いほど、問題が大きくなる可能性も高い。

■1：心に囚われる

心はおしゃべりが大好きだ。心は役に立つこと、重要なことをたくさん抱えている。だが役に立たないガラクタはもっと多い。あなたが今から二十四時間、自分の考えていることをすべて書き留める書記を雇ったとして、読むに値するものはどのくらいあるだろうか？　あなたの心が私のと同じならば、それはごく僅かだろう。

心は、ことパートナーに関しては批判力が旺盛だ。パートナーが言った、あるいはした間違いをあげつらうことが大好きなのだ。さらに、心はそうした過去のケンカや言い争い、不平など、傷つけられた記憶を再現し、古傷から出血させることも好きときている。時には私たちを過去の良き日々に引き戻し、そんな出来事はすっかり終わったのだと私たちを嘲る。あるいは未来に連れて行き、この関係を続けていたらどんなに惨めになるか、または別れた場合どんなに幸福かを見せることもある。

だが心の扱い方さえ分かっていればこれらは取るに足らないことだ。問題は、私たちがそれを知らないことにある。私たちは生来、心に囚われ、何かに注意を向けさせられ、信じ込まされ、言いなりになるようにできている。心に囚われている時は、自分の思考が霧のようにまとわりついて道に迷ってしまう。霧が深いほどパートナーの姿がぼやけ、自分の判断、批判、不平を通してしか相手を見られなくなってしまう。相手がはっきり見えなければ適切な行動がとれるわけがない。

心に囚われると、あなたは接続を切られ、反応的になる。自分の思考にがんじがらめになりパートナーとつながることができない。心が自動運転モードになっているため、相手に対して柔軟な対応ができず、心が告げる物語に従って衝動的な行動をしてしまう。当然、あらゆる問題が引き起こされる。

■N：価値を無視する

価値とは、心の奥底にある願望であり、あなたがこの星に生きているごく短い間に何をし、何を支持するかを決めるものだ。私がクライアントに、自分の価値に基づいた、理想的なパートナーを表現してもらうと、必ず以下の言葉が出てくる。愛情あふれる、優しい、気遣いのある、寛大な、思いやりのある、協力的な、楽しむことの好きな、おおらかな、官能的な、等々だ。決して出てこないのは、攻撃的な、敵意ある、不機嫌な、小言の多い、気まぐれな、理屈っぽい、底意地の悪い、信用ならない、他者をコントロールしようとする、うそつきの、脅迫的な、冷たい、懲罰的な、よそよそしい、などだ。

誰かとの関係がうまくいかなくなり腹が立った時、自問してみよう。あなたの行動を表現する言葉は二つの言葉のリストのどちらにあるだろう？　多くの場合、二番目のリスト（絶対現れない言葉）だろう。あなたが特に注意深くしていない限り、腹が立ったとたんに理想のパートナーでありたいというあなたの価値は消え失せ、接続が切れ、反応モードに入り、自分の心に囚われてしまう。

これらが、私たちの関係から命と愛を枯渇（ドレイン）させてしまう五つの基本プロセス、ＤＲＡＩＮ――接続を切る、反応的になる、回避する、心に囚われる、価値を無視する――だ。

もう少し明解にするために、日記にあなたとパートナーの関係におけるＤＲＡＩＮについて書いてみよう。まず自分の中にこれらの要素がないか探し、次にパートナーの中にも探してみる。まず先に自分を見ることが大切だ。私たちはパートナーの欠点を見ることには長けていても、自分のことには無頓着だからだ。本書を読み進めながら、自分の中のＤＲＡＩＮと、どうやって自分がそれに力を与えているかに注意してみよう。

■パートナーと一緒に行うエクササイズ

ここからは、〝パートナーが乗り気なら〟という表示がついたセクションが出てくる。このセクションはパートナーと一緒に行うエクササイズだ。〝乗り気〟というのに注意してほしい。これらのエクササイズをいやいや、腹を立てながら行っても意味がない。関係を向上させようという意志が双方にないと、まず間違いなく逆効果になる。

また、エクササイズの途中で怒ったり批評したり、何かを指摘したりしないようにしよう。これは二人の関係のどこがまずいのかを見極めるためのものだ。エクササイズの途中でケンカや言い争いになったら、すぐに中断して、少し休んでから再開しよう。ただし二人とも続けたい場合に限る。また、エクササイズをする時、公園に散歩に行ったりコーヒーを飲みに行ったりするのも有益だ。環境を変えることは、否定的になることなく互いの話を聞くのに役立つからだ。以下は最初のエクササイズだ。

■パートナーが乗り気なら

このエクササイズの目的は、非難、判断、批判などをせずに、自分がどのように関係を悪化させているかを観察してみることだ。

エクササイズ：二人の関係の中にあるＤＲＡＩＮ

●二人がそれぞれ、自分がしている関係性を損なう行動（ＤＲＡＩＮ）について書いてみる。

●それについてオープンに、正直に話し合う時間（できれば二十〜三十分）を持つ。

さて、次はＡＣＴの原則を使ってＤＲＡＩＮを改善する方法を見ていこう。だがその前にこの質問に答えてほしい。「関係を続けるべきか、別れるべきか？」

第2部

誓いを立てる

第3章　続けるべきか、別れるべきか？

「もうこれ以上我慢できない。こんな関係とはおさらばしたい」

こんな思いに囚われたことはないだろうか？　私はある。私の妻もある。私の友人、同僚、家族もほとんどすべて、そう思ったことがあるという。私の周りが異常な連中ばかりなのだろうか？　そうではない。だれもが時々こうした感情を抱く。パートナーとうまくいかなくなった時、心がささやく言葉だ。そしてこれは決してまずいことではない。人間の心の進化から見ると完全に理にかなったことなのだ。

考えてみてほしい。私たちの祖先だった弱々しいサルが、どうやってはるかに敏捷で強く、恐ろしげな他の動物を差し置いてこの星を支配したのだろうか？　驚異的な問題解決能力があったからだ。私たちの遠い祖先の原始的な心は、生き残りのために常に問題解決の方法を探していた。いかにして水と食糧、悪天候から逃れるシェルターを手に入れるか、いかにして敵や野生動物から身を守るか。世代が進むに従い、心も進化していった。それはどんどん洗練され、今日の、考えられないほど複雑な問題解決の機械になったのだ。

こうして、あなたの心は問題に遭遇するたびに解決方法を探し回るようになった。状況が苦痛だったり困難だったり恐ろしかったりする時、もっとも理にかなった解決方法はそこから逃げ出すことだ。別れる、離婚するといった選択肢は当然のことなのだ。だが心が押し付けるこの解決法は常に賢い方法というわけではない。あなたが誰かの態度に腹を立て、あなたの心が解決法として、怒鳴りつける、殴る、相手を侮辱するなどを提案した時のことを考えてみてほしい。あなたや他の人にどんな災難やストレスが降りかかるだろうか？　あるいは、だれもが心の言うことに盲目的に従ったら、世界はどんな状態に陥るだろうか？

■関係のジレンマと向かい合う

逃げることが最良の解決である状況は存在する。ビルが火事になった時などがそうだ。だが関係性においては、ことはそれほど明快ではない。多くの人が留まるか去るかの選択に悩む。心に囚われ、終わりのない問答を繰り返し、選択をした場合の利点と欠点について考え、日々のほとんどを費やす人もいる。問題はこういう行為が何のエネルギーももたらさないことだ。自分の思考にはまり込み、不毛の論争を繰り返す時、途方もない時間を費し人生を浪費している。

関係が良いものではない場合、別れるか留まるかのプラス面マイナス面を検討する時間を持つのは大切だ。だが、毎日毎日くよくよ考えても結論に達することはなく、疲弊するだけだ。問題を抱えた関係には、あなたに役立つ四つの基本的なアプローチがある。

オプション１　別れる
オプション２　関係を続け、変えられる部分を変える
オプション３　関係を続け　変えられない部分を受け入れる
オプション４　関係を続け、あきらめて状況が悪くなるようなことを続ける

一つ一つ見ていこう。

■オプション1　別れる

パートナーと別れることによってあなたの人生は好転するか？　収入、住む場所、結婚歴、子供の有無、家族や社会的ネットワーク、年齢、健康、宗教、信条などの状況を考慮し、別れた場合、長期的にあなたの健康や活力が向上するかどうか考える。もちろん本当の答えなど誰にも分からない。だが現在の状況を見れば妥当な予測は可能だ。

このオプションを選択する前に、本書に書いてあるすべてを試して、全身全霊で関係をうまく行かせるよう努力をしてほしい（もちろんいくつか例外はある。あなたや子供がパートナーからの暴力の危険に晒されている場合だ。だが、そうした深刻な状況は本書の守備範囲外となる）。最善の策を講じた上で別れる選択をするなら、自分が最大限の努力をした事実が慰めになるだろう（このために、巻末に最小限のダメージで別れる方法を示した部分がある。だがあなたがここを読まずに済むことを祈る）。

■オプション2　関係を続け、変えられる部分を変える

現在の関係に留まる場合、まずすべきは状況が少しでも良くなるように変えられる部分を変えることだ。状況がどうあれ、最もコントロールできるのは自分の行動だ。まず行動し、可能な限り良くすることにエネルギーを注ごう。あなたはパートナーの行動をコントロールすることはできない。考えられる行動は、コミュニケーション技術を向上させること、外出が可能なようにベビーシッターを雇うこと、もっとはっきりものを言うこと（欲しいものをしっかり伝えること、ノーとはっきり言うこ

と）、より愛情深く優しく、あるいは受容的になることなどだ。

本書で行動という時、それは一般的な行動のことではないことを憶えておいてほしい。ＡＣＴではあなたの価値に基づいた行動を推奨する。前の章でも触れたように、価値とはあなたがこの星に生きている短い間、どんな人間になりたいか、何を支持するかについて、心の奥底から望んでいることだ。心の底からの価値によって導かれる行動は、接続が切れ、反応的、回避的で、心に囚われている状態での行動とは大きく異なる。

■オプション３　関係を続け、変えられない部分を受け入れる

関係を好転させるために、可能な行動をすべてしたとしよう。これ以上できることはまったくないが、関係は依然として良くならない。にもかかわらず、あなたはパートナーと一緒にいることを選んだ。こういう状況ではアクセプタンス（受容）の練習をすべきである。心の中に、苦痛の感覚が存在するための居場所を作ってやり、批判、敵意、落胆、自滅的思考を解き放ち、くよくよ思い悩み心配している自分に気づく必要がある。泥沼から這い出し、自分の人生に立ち戻るのだ。自分の価値を受け入れ、現在に生きよう。目の前の困難がどんなものだろうと、目一杯生きよう。

オプション２とオプション３は通常同時に起こる。あなたは状況を改善するための行動を起こし、同時にコントロールの及ばない物事を受け入れる。

■オプション４　関係を続けるが、あきらめて状況が悪くなるようなことも続ける

人々はしばしば問題のある関係に留まろうとする。だが状況改善のために可能なことをすべてやろうとせず、またアクセプタンスのトレーニングも行わない。そして心配し、くよくよ悩み、思案し、

いつまでも分析し続ける。他者に文句を言い、関係に執着し、自分やパートナーを責める。あるいは冷淡で内にこもったり、敵意と批判に凝り固まったり、うつ状態になったり、自暴自棄になったりする。ある者は気分を高揚させようとして麻薬やアルコール、喫煙に依存したり、ジャンクフードを食べたり、テレビの前でぼーっとしたり、ネットサーフィン、ギャンブル、浮気、ショッピングに走ったりする。こうした方法は長期的には間違いなくあなたのエネルギーを奪ってしまう。オプション4は人生を損なうこと間違いなしである。

■フェンスの上に腰掛ける

〝続けるべきか別れるべきか〟で悩んだら、これら四つのオプションを検討しよう。それによって、選択権は常に自分にあることも自覚できる。オプション4を選んでばかりいると、非常に不愉快な結末になる。自分でその結果を引き受けなければならなくなるからだ。あなたは言うかもしれない。「自分で選択したわけじゃない。仕方がなかったんだ」。あなたがそう感じていても、腹を立てて本を置いたりしないでほしい。本書を読んで心理的柔軟性を高めていくうちに、選択権は自分にあり、人生を向上させる選択を行うことも可能だということが分かってくる。

また、〝続けるか別れるか〟の選択に直面した時、選ばないという選択肢はないことを理解しておくのも重要だ。フェンスの上にとどまるか、そこからどちらか一方の側に降りるかを決めねばならない。しばらくの間フェンスの上に座っているのも悪くない。だがそれはすぐに耐えがたい苦痛に変わる。フェンスはやがてあなたを乗せたまま倒れてしまうだろう。オプション1、2、3はすべてフェンスを降りる選択肢だが、オプション4は頑固にフェンスにしがみつこうとするものだ。たとえフェンスの支柱が体に突き刺さり、ひどい苦痛を感じたとしても。与えられている選択肢はこの四つしかないとすると、あとはあなたがどこまで真剣に取り組むかだ。次にその点を見てみよう。

■あなたはどこまで真剣か？

自分自身に真摯に問いかけよう。関係を向上させるためにあなたはどのくらい努力する覚悟があるだろうか？　十段階評価で、ゼロは「まったく何の努力もしたくない」、十は「必要なことは何でもやる」だとして、どのくらいだろうか？　数字が高ければ素晴らしい。良いスタートを切れる。低い数字なら、自分の置かれた状況を正直に見つめてみよう。あなたは支柱が体を貫くまでフェンスに座っていたいのか？　それとも、そんなことは時間の無駄だと思うだろうか？

■オプション4を選んだら

この段階では、あなたは苦痛を感じるほど自分に正直になる必要がある。あなたが現在の関係をどうにかしようという気が起こらないなら、結果的にオプション4を選ぶことになり、関係を継続し、努力をあきらめ、状況を悪化させる行動をする。もしあなたがこの段階にいるなら、読み進めるのを二、三日待ってほしい。その間以下のことを心に留め、日記かダウンロードしたワークシートに毎日記録をつけよう。

- 「あきらめて何もしないこと」があなたの健康と活力にどんな影響を与えているか？
- 「なにもしない」結果、あなたが支払っている代償に気づこう。感情の痛み、時間の浪費、金の浪費、エネルギーの浪費、そして二人の関係に与えるさらなるダメージなど。
- 関係改善のためにあなたができる行動は何か。あるいはあなたの幸福と活力を高めると思われる行動は何か?

さあ、あなたは課題に取り組む準備ができていると思う。第4章では次のことを考えてみよう。

「タンゴは二人でないと踊れないか?」

第4章　タンゴは二人でないと踊れない？

本書はおそらく、あなたが最初に読む関係改善の本ではないだろう。

あなたが以前読んだ本は役に立ったかもしれない。少なくともしばらくの間は。それらは、なぜ問題が起こるのかについての有益な洞察や、対立した際に役立つ知恵、コミュニケーションの向上、より深い親密さを得る方法などを教えてくれたかもしれない。だが長い目で見ると、大した変化はなかったのではないだろうか。古い習慣がすぐにぶり返し、過去の問題が再び頭をもたげ、本の中ではうまく行きそうだったコミュニケーションスキルは、実際には今一つだった。

私は自分の経験からこれらのことをよく知っている。実は私はセルフヘルプ本の熱心な読者であり（自分で書くことになるとは夢にも思わなかった）、自分でもこうした堂々巡りに陥っていたのだ。関係改善についての多くの本や記事は、以下のようなスキルやテクニックを紹介している。

●効果的な話し合い、コミュニケーション、毅然とした自己主張、問題解決の手法などを通してパートナーに影響を与える。
●何かを二人の習慣にし、行動を発展させ、愛や温かさ、楽しさ、官能性、親密さなどを深める。
●あなたとパートナーとの違い、それらが二人の異なるバックグラウンドからどのように生まれてきたかについての洞察を深める。

どれも重要で役立つし、この本でもそれに触れる。だが、これらはすべてあなたがコントロールできる範囲外にあることに気づいてほしい。たとえば、あなたが他者の行動に影響を与える世界中のあらゆるスキルをすべてマスターしたとしても、彼らをコントロールすることは不可能だ。残念だが、あなたが優れたコミュニケーション能力や自己主張、交渉力を持っていても、それに対して、パートナーがあなたの望む反応を示してくれる保証はない。何かを二人の習慣にしたり、共に行動したりすることは、健全な関係を築くために重要なことだ。だがこれもパートナーの協力があってのことであり、自分だけでコントロールできるものではない。あなたがこの重要な問題にパートナーと一緒に取り組もうとする時、パートナーが協力的かどうかが分かる。相手を無理やり協力させる方法はない。できるのは頼んでみることだけだ。

大事なことを言い忘れていたが、お互いの違いについての洞察を深めることはとても役立つ。自分についての認識を高められるし、パートナーの行動原理も分かる。だがこれも、自分のコントロールが及ばない内容を含んでいる。あなたには互いの相違点をコントロールすることはできない。また、その原因となった過去の出来事を変えることもできない。これはちょうど天候について理解するのと似ている。その起源と原理についてどんなに知識を積み上げても、天気をコントロールすることはできない。コントロールできるのは、それに対するあなたの反応だけだ。

本書でもこれらの重要な話題は扱うが、主要なテーマではない。ACTを基本に据えた本書の目的は、あなたが人生を最大限に活かす手伝いをすることだ。自分がコントロールできる物事に集中する方法を学ぶほど、さらなる力強さと満足を感じるだろう。反対に、自分の自由にならないことに集中するほど、無力さ、不満、失望が大きくなる。これは私たちがすぐに忘れてしまう人生の真実である。

だから私はこのことを本書で何度も繰り返す。
本書の大部分は以下について語っている。

- 関係を悪化させる行動をいかにやめるか。
- いかに自分の価値を明確にし、それに従って行動し、自分が理想とするパートナーになるか。
- 自分がコントロールできないことをいかに受容するか。
- どんな関係でも避けられない、苦痛の感情とストレスの原因になる思考をいかに扱うか。

これらはすべて、あなたがコントロール可能なことであるのに注意してほしい。パートナーが何をしようと、あなたが関係を損なうような行動をやめることは可能だ。自分の力の及ばないことをくよくよ考えず容認するか、それと戦って自分の人生と関係性を損なうかはあなたの選択だ。一度ストレスと痛みに効果的に対処する方法を覚えたら、その後は難しい状況になっても（必ずそうなる）うまく対処できる。

さらにあなたは素晴らしい逆説に出会うかもしれない。自分がコントロールできる範囲に集中していると、頼んでもいないのにパートナーがポジティブな変化を遂げることがよくあるのだ。もちろん必ずそうなる保証はない。だが頻繁に起こることは事実だ。考えてみればそれも当然だ。常に不平を漏らし、批判し、失敗をあげつらい、問題を指摘し、二人の関係をくよくよ考えている人と過ごすことを想像してほしい。その相手が突然変化する。一緒にいるのがずっと楽になる。オープンで温かく、気楽で、違いについて気にかけなくなる。相手がそうなったら、自分の行動も変わるのではないだろうか？　行動がポジティブになるのではないか？

もちろんパートナーがあなたのことを踏みつけにするのを許せとか、何でも好きにやらせろと言っているのではない。健全で意味ある関係にはバランスの良いギブ・アンド・テイクが必要だ。関係をさらに高めるためには、この章で紹介したエクササイズを二人でやってみるのが理想的だ。ことわざにあるように、「タンゴは二人でないと踊れない」のだ。だが、一人でステップの練習をすれば、次回はパートナーと一緒に踊れるだろう。それももっとスムーズに踊れるようになる。

■あなたの現実をチェックしよう

さて、ここであなたの現実をチェックしてみよう。カップルが同じ速度で変化することはあり得ない。通常、どちらか一方がより熱心なものだ。この現実を受け入れられないと再び問題が持ち上がり、状況は少しも変わらない。

「それはそうだけど……」あなたは言うかもしれない。「私ばかりが努力してエクササイズをして、相手は何もしなかったらどうする?」。そうなったとしても、あなたの関係は改善しているだろう。だが、それだと良い結果を出すのに長い時間がかかる。最終的にひとり相撲でしかない場合、あなたは難しい決断をしなければならない。関係を続けるか別れるか、だ。だが別れることを選んだとしても、努力したという満足感は残るだろう。もっと大切なのは、あなた自身が価値ある成長を遂げ、友人、家族、同僚、そして未来のパートナーとの関係に役立つスキルを身につけられることだ。だが、二人ともエクササイズをやらないなら関係がさらに悪化することは間違いない。

■次の目的地は?

あなたが本書を読み進んでいるなら、エクササイズに取り組む意欲もあると思う。

これ以降、本書では新たな頭文字語、ＬＯＶＥを中心に話を進めていく。ＬＯＶＥとは、

Ｌ……Letting go　思考を解き放つ
Ｏ……Opening up　心を開く
Ｖ……Valuing　価値づけする（価値に基づいた行動をする）
Ｅ……Engaging　現在に集中する

を意味する。一つ一つ詳しく見ていこう。

■Ｌ：思考を解き放つ

「思考を解き放つ」は、あなたの関係を悪化させる枯渇（ＤＲＡＩＮ）の一つである「心に囚われた状態」からの脱出ルートだ。心はひっきりなしにしゃべり続ける語り部である。心が語る物語は「思考」と呼ばれるものだ。そのいくつかは明らかな事実かもしれない。だがほとんどは意見、判断、信条、仮定、考え方、空想、アイデア、観念、模範、解釈、評価などだ。こうした物語を真実と偽物に分類することは不可能だ。それはあなたの世界の見方の反映に過ぎないからだ。心はあなたが物語に囚われるよう強力に働きかける。過去の記憶から苦痛なものを見つけ出したり、未来についての恐ろしいシナリオを創作したり、パートナーの欠点や弱点を指摘したり、あるいは不平を言い、非難し、比較し、批判する。あるいは第１章で出てきたような愛の神話をしゃべり続ける。

こうした物語に囚われると、あなたは真っ暗な深みに引きずり込まれてしまう。「思考を解き放つ」とは、これらの物語からあなたを解放することだ。ＡＣＴは、あなたを怒りや正しさの主張、非

難、不安、価値判断、批判、要求などから解放する方法を伝授する。この能力が深まると、あなたは二人の関係がもたらす問題にずっと効果的に対応できる。

■O：心を開く

親密な関係は時に苦痛な感情を引き起こす。私たちは苦痛を感じると、それを追いやるか避けるためにあらゆることをする。だが「心を開く」というのは回避とはまったく反対の行動だ。あなたが心を開く方法を学び、苦痛の感情に、そこに存在することを許してやると、それがもたらす衝撃と影響がずっと小さくなることに気づくだろう。それはもはや、あなたを弱らせたり打ちのめすことはないだろう。あなたを操り人形のように振り回すこともなくなる。

私たちは苦痛にあえぐ時、すべてを遮断してしまう傾向がある。パートナーと距離を置き、自分を守るために厚いバリアを築く。だがこれも回避の一種に過ぎない。関係を育てたければバリアを外さなければならない。バリアを外すと自分が弱くなったように感じ、心配、恐れ、不安、疑いが頭をもたげてくるだろう。「もしまた傷つけられたらどうしよう？」。あなたは過去に、これらの感情に邪魔されて関係修復に必要な変化を起こせなかったかもしれない。だが一度心を開いてこれらの感情を受け入れてやると、それはあなたを引き留める力を失う。さらに大きなボーナスもある。心を開いて自分の感情を受け入れられるようになると、パートナーの感情も受け入れられる。真に親密な関係を望むならこれは必須のことだ。

■V：価値づけする

ＡＣＴで言う「価値づけ」とは、「自分の設定した価値に基づいた行動をすること」である。ＡＣ

Tでは価値を無視することなく、逆にそれをはっきりさせ、あなたへの刺激、行動の動機にする。意識的で価値に基づいた行動は無思慮な反応とはまったく別だ。本書では健全な関係にかかわりの深い三つの基本的価値、パートナーを思いやる、パートナーに貢献する、パートナーとつながる、に注目する。価値は他にもあるが、この三つは特に重要だ。

■E：現在に集中する

「現在に集中する」は心理的な意味で（心に囚われるのではなく）今この瞬間に集中し、パートナーに対して純粋な興味とオープンな心を持って接することを指す。ディナーや会話、セックスの最中でも、相手に対する集中が深まるほど接続の感覚は強く深くなる。集中とは、パートナーをはねつけたり無視したりそっぽを向いたりせず、相手と向き合って意識の中心に据えることだ。それは切断や回避の対極にあるものだ。

■これは愛だろうか？

LOVEは単なる頭文字語ではない。それはLOVE（愛）について考える良い手段でもある。愛を、「思考を解き放つ、心を開く、価値づけする、現在に集中する」というプロセスと考えるなら、あなたはいつでもそれが可能である。たとえ愛の感情がなかったとしても。そうした意味では、あなたは永遠のLOVEを実現できる。だが愛を感情や情動として考えるなら、それは長続きするものではない。あらゆる感情や情動は変化するからだ。

LOVE――思考を解き放つ、心を開く、価値づけする、現在に集中する――の実践は、パートナーとの争いをやめ、対立を解消し、違いを認め、パートナーを思いやる・つながる・深く結びつくという能力を高める助けになる。だが現実的になることを忘れてはいけない。ＬＯＶＥは奇跡のようにあなたの問題を解決する魔法の杖ではない。すべてのカップルは緊張や対立を経験する。それが人間の性（さが）なのだ。ひとつ憶えておくと良い。そんな時は自分だけでなく相手も傷ついているのだ。

第3部

良い関係を作ろう

第5章　傷ついているのは相手も同じ

映画の中でヒーローが顔に一発食らったシーンを見たことがあるだろうか？　汗がしぶきを上げ、血が飛び散る恐ろしげなスローモーションのクローズアップ。あなたはたじろぎ、映画だと分かっていても顔をそむけたことを思い出してほしい。演技だと知っていても、どうしても反応してしまう。架空のキャラクターの存在しない痛みに共感してしまうのに、愛する人々の現実の痛みは気にかけないというのは何という皮肉だろう。

人間は社会的な動物だ。恋愛に関しては私たちは似たり寄ったりだ。私たちは愛されること、尊敬されること、気遣われることを望んでいる。他者と良い関係でいたいし、楽しい時間を過ごしたい。争い、拒否し、愛する人と距離をとるのはあまりいい気分ではない。相手に同様のことをされると、さらに気分が悪い。パートナーとケンカしている時は両方とも傷ついているのだ。

パートナーはあなたに痛みのそぶりを見せないだろう。相手は単に腹を立て、荒々しく家を飛び出す。あるいは静かにテレビをつけ、酒を飲む。だが心の奥深くではあなたと同様に傷ついているのだ。パートナーはあなたと話すことを拒否するかもしれない。あなたを辛辣に批判するかもしれない。友達と街に出かけるかもしれない。だが心の内ではあなたと同じく傷ついている。このことを理解し、憶えておくのは大切なことだ。私たちは自分の痛みに囚われて、相手も同じ状況であることを簡単に忘れてしまう。

あなたのパートナーが、捨てられることに対する根深い恐れ、つまりあなたがもっと良い誰かを見つけてしまう不安、あるいは閉じ込められ、コントロールされ、窒息させられることへの不安を抱えているとしよう。二人がケンカした時、この恐れが湧いてくる。もしかしたら相手はその存在に気づいていていないかもしれない。それらはすぐに非難や怒りに覆い隠されてしまうからだ。あるいはパートナーが心の底で自分は無価値だと感じているとしよう。自分は無力で愛されず、取るに足らないと感じている。これだけでも苦痛だ。そして人は内面にこのような感情を抱えていると、関係を緊張させる行動を取りがちになる。あなたのパートナーは常に、自分のしたこと、貢献したことへの承認を求めているのかもしれない。あなたが自分を愛し、尊敬しているという証しが欲しいのかもしれない。嫉妬と独占欲にかられているのかもしれない。あなたがそれらにフラストレーションや軽蔑、批判、焦燥、退屈そうな態度などで答えると、パートナーの内にある、自分は無価値だという思いをさらに深めてしまう。それは苦痛の感覚をさらに強める。

■関係はどのように始まったか

あなたも相手も痛みを感じていることを認識するのは、関係を再構築するための重要なステップだ。だから私はカップルが受診に来ると、こんな前口上から始める。「あなたたちは二人の関係が抱える問題と、それを解決する方法を相談するためにやってきたんですね。でもその前に、二人がどうやって出会い、問題が起こる前の関係がどんなものだったか教えてくれませんか?」。そして二人に次の質問に答えてもらう。

●最初にどのように出会ったか?

●外見を除いて、パートナーのどこが最も魅力的だったか？
●相手の性格のどこを最も尊敬しているか？
●二人で一緒にしたことで一番楽しかったのは何か？
●パートナーがしたことで楽しかったのは何か？
●一緒に過ごした中で最も楽しかった日々について教えてほしい。どこにいたか？　なにをしたか？　二人はどんなふうに触れ合ったか？　お互いどんなことを言ったりしたりしたか？　どんなボディーランゲージをしたか？
●関係の始まった頃にあったもので、一番取り戻したいのは何か？
●あなたから見たパートナーの最大の長所は何か？

ここには巧妙な作戦がある。私を訪れるカップルは緊張し、対立関係にある。それぞれが相手のこが間違っている、という物語を抱えている。両方ともひどく傷ついているので、付き合うきっかけになった様々なことをすっかり忘れている。これらの質問は彼らを温かいソフトな思考、感情、記憶と結び付ける。彼らが質問に答えながらリラックスしていくのが分かる。固かった顎が緩み、眉間のしわが消え、椅子に腰を落ち着ける。柔和な表情になり、睨み合ったり目を合わせなかった二人が互いの顔を見て話を聞くようになる。笑みがこぼれはじめ、涙を流すことさえある。心温まる瞬間だ。二人とも自力で接続の感覚を取り戻すのだ。

とはいえ、いつもそうなるとは限らない。どちらか一人が助けにならない答えを言うこともある。「憶えてないよ」「一緒にいて楽しかったことがあったかどうか、思い出せない」「一緒にいて楽しかった日々など一日としてない。結婚式の当日でさえケンカしてたんだから」。一人が楽しそうに語っているのに、もう一人はじっと宙を見つめていたり、まったく興味を示さないか、冷たい笑みを浮かべる、あるいは退屈しきっていることもある。これらのシンプルな質問は豊富な情報をもたらしてくれる。

ちょっと時間をとってこれらの質問に答えてみて欲しい。質問の項目に戻り、数分間じっくり考えて欲しい。日記かダウンロードしたワークシートにあなたの回答を書き出せばさらによい。そうしながら自分の感情を観察してみよう。

●パートナーに対して優しさ、感謝の感情を持つことができるか? あるいは相手は単なる重荷、邪魔者、面倒な存在だろうか?
●パートナーの長所や良い性質を考える時、何が起こる? 相手に対する見方が変わるだろうか?
●パートナーの欠点、弱点に注目するあまり、良いところが見えにくくなっていないか?

あなたの答えは重要な情報を与えてくれる。あなたが温かさ、優しさ、感謝の気持ちをパートナーに対して持てないなら、それらの感覚は怒り、傷つき、恐れ、失望などの感情の下に埋もれ、あなたは相当の苦痛を感じているに違いない。もしそうだとしても自分を責めるのはやめよう。自分を責めると痛みがさらに強くなる。代わりに自分が傷ついていることを認めよう。そして自分に優しい、思いやりのある言葉をかけよう。親友が同じような痛みを感じている時、あなたがかけるような言葉を。

このエクササイズがパートナーに対する温かさ、優しさを再び呼び起こしてくれるようなら、それがどのように感じられるか注意しよう。パートナーを「解決すべき問題」だと見る代わりにポジティブな視点で見るのはどんな感じがするだろうか?

■前進しよう

最初のセッションで次にするのは、二人がカウンセリングに来た理由、それで得たいと思っているもの、そして二人の関係において問題だと考えていることは何かを聞くことだ。私は、二人の問題をできるだけ批判を交えずに説明してもらう。たとえば、「彼は怠け者でずぼらだ」という代わりに「私の清潔さの基準は彼のよりもずっと高い」と言ってもらうのだ。これはとても重要な一歩だ。辛辣な判断ではなく、事実に基づいた表現を使うのだ。だがそれは自然にできることではない。大抵は私の介入が必要になる。以下はファンとクレアの最初のセッションの例だ（ラスは著者である私のこと）。

ファン「彼女はひどく口うるさいんだ」
ラス　「どういう意味だい？」
ファン「いつも私に口うるさく言うんだ。これをしろ、あれをしろってね」
ラス　「何をしろと言うの？」
ファン「掃除しろ、が多いかな。きれいに片づけてとか。そういうつまんないことさ」
ラス　「クレアはいつも片づけて、掃除して、と言うんだね」
ファン「まあそんなとこだね」

私がファンを「彼女は口うるさい」という辛辣でネガティブな判断から遠ざけ、判断のない行動の表現「クレアはいつも片づけて、掃除して、と言うんだね？」に言い変えたことに気づいてほしい。

批判を加えない表現は、身につけるべき重要なスキルだ。なぜか？　あなたは辛辣な言葉、性悪、不平屋、無精者、怠け者、馬鹿、自分勝手、意地悪、負け犬、役立たず、などで自分を表現されたいだろうか？　あなたが厳しくネガティブな判断の色眼鏡でパートナーを見るほど、相手の真の姿は見えにくくなっていく。かつて尊敬していた人物は分厚い非難の壁に遮られ、消え失せてしまう。批判を減らしてありのままに相手を表現することで、あなたは大きな恩恵を受ける。

これに関連して、一人がしゃべっている時、私はもう一人にじっくりと聞くよう勧めている。「険悪な空気の中で話を聞くのは難しい。批判されるのが好きな人はいないからね」

「君が普通の人間であるなら、話をさえぎったり異を唱えたり、自分を弁護したり、自分の意見をねじ込んだり、文句や批判でやり返したくなるだろう。でも一方で、そうした行動に効果がないことを君自身気づいているんじゃないだろうか？」。この時点で彼らはうなずく。もしはっきり同意しないなら私はこう聞く。「君がそういう反応をした時、何が起こる？」。答えは大抵こんな感じだ。「最後はいつもケンカになるよね。そして何ひとつ解決されない」

「だろうね」私は言う。「ではこの機会にパートナーへの新しい反応の仕方を学んでみたらどうだろう？　敵意や退屈のかわりに開かれた心と好奇心を持ってみるのは？」。別の言い方をすれば、私は彼らにマインドフルネスを実践するよう勧めているのだ。マインドフルに話を聞き、批判を交えずに表現することは、お互いに心を開き、自分たちの問題についてもっと率直に話すための安全な環境をもたらしてくれる。双方が語り始めたら、私は繰り返し次のような質問をする。「彼女がこういう話し方をするとどんな気がする？」あるいは「彼が言ったことを実行しなかった時、どんな気がする？」「彼女が荒々しく部屋を出ていったらどんな感じがする？」。これは、お互いにどれほど傷ついているか気づかせるためだ。ファンとクレアのケースをもう少し見てみよう。

ラス「ファンが君を「不平屋」とか「性悪」と呼ぶとき、どんな気持ちがする？」
クレア「とにかく憤慨する」
ラス「憤慨？」
クレア「そう。だって彼にそんな言い方をする権利はないから（彼女は顔を真っ赤にして、腕を固く組み、声も大きくなった。煮えくり返るような視線をファンに向け、ファンはじっと足元を見つめていた）」
ラス「クレア、誰かが怒ったり憤慨している時、少し掘り下げてみると怒りの下に何かしらがあるものなんだ。ふつうは何らかの痛みだけどね。そういうものが自分の中にないか、調べてみると良いんじゃないかな。何度か深呼吸をして、怒りに息を吹き込んでみる。そしてそこに別の感情が隠れてないか、もっと激しい苦痛の感情がその下に潜んでないかを見てみるんだ」
クレア「（目を潤ませ、声を震わせながら）彼は私を憎んでいると思う」
ラス「それはどんな感じがする？　愛している人に憎まれるというのは？」
クレア「大変な苦痛よ」
ラス「（ファンの方を向き）ファン、君はクレアに苦痛を感じて欲しいのかい？」
ファン「（頭を大きく振って）そんな馬鹿な。そんなわけないよ（彼は唾を呑み込んだ。表情が和らぎ目が潤んでいた。そしてクレアの方を向き、優しく語り始めた。その声は柔らかく、かすれていた）。君を憎んでなんかいないよ。愛してるよ」

いったい何が起こったのだろう？　クレアは勇気をもって心を開いた。自分を開示して、抱えている苦痛をファンに打ち明けた。彼女の普段の反応からは考えられないことだった。いつもは怒りの表情を見せるだけだったからだ。結果としてファンは頑なで批判的になった。それはクレアの怒りに油を注ぎ、悪循環に陥るのだった。だがクレアが心を開いて、どんなに傷ついているかをファンに見せたことにより、彼の反応も変化した。彼は彼女への愛を感じた。彼女がどれほど傷ついているかを理解し、彼女を慰めたいと思った。言葉で攻撃したり無視するのをやめ、ファンは彼女の痛みを和らげることにした。

　自分の心に囚われると、パートナーも傷ついていることを忘れてしまう。怒り、腹立ち、正しいのは自分だという感覚にとらえられ、次のように考えるようになる。「これはあまりにもひどい。こんなに大変なのは何かがおかしい。何だって彼はこんなに口うるさいのだろう？」。パートナーの欠点ばかりに集中し、あるいは自分に対する扱いに腹を立てるあまり、相手が感情のある人間だということを忘れてしまう。彼が自分と同じ理由、愛し愛されたい、大切にしたい・されたい、パートナーと人生を分かち合うことでもっと豊かになりたい、などの理由でこの関係を始めたことも忘れている。どちらも、戦い、喧嘩や言い争い、誰かを責め、批判し、傷つけ拒否するために付き合い始めたわけではない。あなたが傷ついた時、間違いなく相手も傷ついている。お互い同じ状況にあること、かつての素晴らしい関係が大きく変質し、二人を傷つけていることに気づけば、怒りと拒否を優しさといたわりに変えることも可能だ。どちらがより健全な関係かはノーベル賞受賞者でなくても分かるだろう。あなたができるのは以下のことだ。

ステップ1．自分たちの関係が抱える問題について書き出してみる。

その時、辛辣さや批判は横に置き、中立な表現を心掛けよう。たとえば、「グレッグは怠け者のろくでなしだ」ではなく「グレッグは家事を手伝わないことが多い」といった具合に。最初は難しいかもしれない。焦ってはいけない。厳しい批判が湧いてきたらそれを心の動きとして記録しよう。自分に向かって静かに言おう。「おっと、批判が出たぞ！」「批判してる！」など。そして書いたものを線で消し、批判のない書き方をしよう。

ステップ2．こうした問題の結果、経験した痛みについて書こう。

自分を襲った苦痛な思考や感情はどんなものだったろうか？　主な感情が怒り、憤激、憤りなどだとしたら、「その下」に何かないか見てみよう。これらは典型的な表面的感情だ。こうした怒りの下には通常傷ついた心、悲しみ、罪悪感、恥の感覚、恐れ、拒否、孤独、無力感、絶望が潜んでいる。あるいは愛されない、必要とされない、無視される悲しみなどだ。

ステップ3．二人の関係が苦痛であることを正直に認めよう。

あなたはずっと傷ついてきた。それは楽な道のりではなかった。最初あなたはさまざまな期待とともにパートナーと付き合い始めた。そのほとんどはまだ実現していない。たくさんの夢があったが多くが現実にはならなかった。パートナーに対する様々な幻想も崩れ去った。こうした経験を振り返ると、今の感情は当然のものだ。

ステップ4．さて、ここからが一番難しい部分だ。少し時間をとって、あなたのパートナーがどのように傷ついているかを考えてみよう。

彼はこうした気持ちをあなたに告げたことがないかもしれない。男性の多くは自分の感情を言葉にすることが苦手だ（これは男女の生物学的な違いによるものではなく、彼らがそのやり方を教えない文化で育ったからに過ぎない）。なのであなたは想像力を駆使しよう。あなたの文句や批判に晒されているパートナーがどんな気持ちか考えてみよう。もし彼女が会話をやめて黙り込み、殻に閉じこもってしまうタイプだったら、状況に対処するために引きこもるのは彼女にとってどんな気分だろうか？　彼女が問題を蒸し返したり、いつまでも引っ張ったり、過去を悔んだりするタイプであれば、取り返しのつかない過去の出来事を何度も思い返し、苦しめられるのはどんなにつらいだろうか？あるいは、彼が怒って叫んでいる時、怒りと腹立たしさに蝕まれている気分はどんなものだろうか？歓喜や快楽からかけ離れていることは間違いない。怒りで自分を見失うのはどれだけ苦痛だろうか？

たとえどんなに抵抗を感じても、ステップ４に時間を割くことは絶対必要だ。だが心は役に立たない物語をあなたに吹き込むことで邪魔してくるかもしれない。「彼が傷ついているからってそれが何？傷ついて当然よ、自分で種を蒔いたんだから。私が気にすることじゃない」。心がそうささやいた時、二つの選択肢がある。一つは、心の物語に浸ってそれがあなたをコントロールするのを許すことだ。これを選択すると対立と緊張は間違いなく深まる。

もう一つの選択は物語を認め、だがそれに浸らないことだ。古い友人が道の向こう側を歩いているのを見かけでもしたようにそれを認めてやる。自分にこう語りかけよう。「おお、この話はおなじみだな。前にも聞いたことがある」。そしてちょっと考えてみよう。「この物語に浸ったらどうなるだろう？　私を乗っ取るのを許したら？」。

自分に問いかけてみよう。「もしこの物語に注意を向けて自分の行動を支配させたら、私の関係を再構築し、深めるのに役立つだろうか？」。この過程であなたはマインドフルネスのスキルを学ぶことができる。心がささやくことに気づき、それに対する自分の反応、その考えにしがみつくか、そのままやり過ごすかを選択する能力だ。

相手と自分の痛みを認めることは、対決から解決にシフトする上で必要なことだ。二人とも傷ついていることを真に理解したら、気遣いと思いやりを呼び覚ますのははるかに簡単になる。そのどちらも、二人の関係の愛と活力を再生するのに必須のものだ。

■もしパートナーが乗り気なら

このエクササイズはあなたとパートナーが、二人とも傷ついていることに気づき、認める助けになる。うまくいけば互いに思いやりを深められるかもしれない。

1．それぞれがさきほどの四つのステップをやってみる。二人とも全部やり終えたら、互いにステップ1とステップ2への反応を読み上げて聞かせよう（文章にするのが苦手な場合、言葉で言ってもよい）。

2．パートナーがしゃべっている時、「集中」の練習をしてみよう。別の言い方をすればマインドフルになることだ。相手に興味を持ち、心を開いて注意を傾けよう。声の調子、表情、ボディーランゲージ、言葉の選び方にも注意しよう。相手の思考、意見、態度などに純粋な興味を持ってみよう。言葉をさえぎったり、自己弁護や反論したくなる衝動をやり過ごそう。自分のヒーローがスピーチしていると思って聞いてみよう。相手に完全に集中することは、パートナーに与えられる最高のギフトの一つだ。それは相手にメッセージを送る強力な方法だ。「私はあなたのことを気にかけてるよ。あなたはとても大切だよ」。だが、私の言葉を鵜呑みにするのも良くない。自分の体験を振り返ってみよう。誰かがこんなふうにあなたに注意を向けてくれたらどんな気持ちがするだろう？　特別扱い？　重要視？　尊敬されている感じがするだろうか？

3．最後にステップ4について話し合い、パートナーの感情の予想がどの程度正確だったか見てみよう。とても正確か、ひどく的外れか、いずれにしてもあなたは驚くだろう。

■対立から思いやりへ

自分の親友、愛する親戚、自分の子供、あるいは愛犬が傷を負った時、あなたはどう感じるだろう？　彼らの痛みを理解し、それを癒してやりたくなるだろう。彼らを助け支えるために何か慰めになることをしてやりたい。誰に教わったわけでもない本能的な衝動だ。私たちはこれを思いやりと呼ぶ。思いやりの心を呼び覚ましそれを行動の指針にすると、私たちは他者に手を差し伸べ優しく接するようになる。

だがパートナーが痛みを感じている時、悲しいかな、私たちはそれに気づかない。あるいは無視するかはねつけてしまう。もっと悪ければ「自業自得だ」という物語を信じてしまう。こうした反応はとても多い。だがこれはまったく役に立たない。関係を再生するどころか毒にしかならない。これを解毒するのが思いやりだ。それには起こってしまったことを変える力はないが、傷の治りを早くする軟膏の働きをする。

思いやりの第一ステップは、まずあなたのパートナーが苦痛を感じているのを認めることだ。相手は感情のないサメではない。人間だ。そしてあなたと同じように傷ついている。

次のステップはあなたの中の自然な優しさとつながることだ。ここで役立つテクニックはパートナーを小さな少年か少女に見立てることだ。彼らは動揺し、震え、泣いている。パートナーは大人の体を持ってはいるが、その内面は傷ついた子供なのだ。想像してみよう。この少年か少女は痛みを感じている。彼らに与えられる優しいアドバイスや感情はないだろうか。

あなたにはまだ準備ができていないかもしれない。痛み、あるいは怒りがあまりに激しいかもしれない。それならそれで構わない。まず自分がどういう状態にあるか認識しよう。そして自分に優しくしよう。

次の数週間、対立によって傷つく度にこの章のことを思い出し、自分が痛みを感じていることを認めよう。そしてあなたのパートナーの痛みも認める。その上で思いやりの感覚に波長を合わせよう。

それと同時に自分のための優しさも見つけよう。パートナーと同様、あなたにも優しさは必要なのだ。これを何度か繰り返すうちにあなたは変化に気づくだろう。あなたの心は閉じる代わりに開かれていく。あなたが変化に気づき、楽しめるようになると、それは人生における数少ない、代償のいらない楽しみとなる。

第6章　誰もがコントロールフリーク

パートナーがあなたの望む通りに行動してくれたらどんなに素晴らしいだろうか？　もしも彼女にあなたの心が読めて、あなたの望みが分かり、その通りに行動してくれるなら、人生はとても楽なものになるだろう。私はよくクライアントに質問する。「私が魔法の杖を持っていて、パートナーに振りかざすと彼を変身させることができるとしたら、彼を何に変えてほしい？」。時には不真面目な答えもある。「とりあえずジョージ・クルーニーの外見にしたいわね」

だが真面目に考え始めると、答えは山のように出る。あなたの答えは何だろうか？　パートナーにもっと心を開いてほしい？　愛情深く優しい人になってほしい？　もっと綺麗好きできちんとして、責任感のある人間がいい？　もっと自発的で気楽で、おおらかな人？　あるいは相手に「もっと」と望むのではなく「もっと抑えて」ほしいのだろうか？　そんなにむきにならないでほしい、そんなにおおごとだと考えないでほしい、要求ばかりしないでほしい、酒を控えてほしい、というように。あるいは相手によりよくなってほしいのだろうか？　よりよいコミュニケーターに、よりよい稼ぎ手に、あるいはよりよい恋人になってほしいのか？

■私たちはなぜコントロールするようになったか

つまり、私たちは皆コントロールフリーク（他者を操ることに熱心な人）だということだ。

だれもが自分が欲しいものを求めている。この傾向は、恐るべき二歳（訳注：最初の反抗期とされる）を迎えた幼児にさえ見て取れる。幼児は自分のやり方を通したがる。そして希望通りにならないと泣き叫び、地団太を踏む。あるいは床にひっくり返る、すねる、息を止める、おもちゃを放り投げる。噛む、ぶつ、あなたの髪の毛を引っ張る、あるいは「ママなんて嫌いだ！」と叫ぶ。彼らはあなたをコントロールするために思いつくことをすべてやる。あなたを黙らせ、口出しさせまいとする。あるいはアイスクリームでもおもちゃでも、自分が欲しいものをあなたから引き出そうとする。

私たちはこうした「人を操作する方法」を人生の早い時期に覚える。そして決して忘れることはない。成長するにしたがってその能力を発達させ、磨きをかけていく。現在の私たちは大人の肉体を持っているが、恐るべき二歳児は依然として私たちの中にいるのだ。そして自分流のやり方で物事を進めたがっている。もっとまずいことに、状況が厳しくなると、私たちはこの二歳児の策略に戻ってしまう。私たちは怒鳴り、わめき、手ひどく批判する。口汚くののしり、ドアを力いっぱい閉め、テーブルを叩き、嫌味を言う、あるいはこき下ろす。私たちは泣き、落ち込み、黙り込み、相手を無視する。あるいは、「ママなんて嫌いだ」と幼児が泣き叫ぶのと同じように、相手を傷つけるあらゆる言葉を浴びせる。前につきあっていた彼氏や彼女との比較、別れや離婚をほのめかすなどだ。さらには物を投げたり暴力をふるう大人もいる。

正直に自己診断してみよう。本を置き、日記かワークシートに、何かが思い通りにならなかった時の自分の反応を書いてみる。今まで使ったコントロール戦略を、どんなに酷いものでもすべて書き出す。侮辱の言葉を投げつける、皿を投げつける、離婚をほのめかす、暴力をちらつかせる、泣く、探りを入れる、否定する、などだろうか。どうか適当にやらないで、たとえ苦痛でも自分に正直になってほしい。

私たちが幼児の頃は、幸いにも周りの大人が大切なことを教えてくれた。欲しいものが必ず手に入るとは限らない、という人生の真実をである。だが知っているからといってやめられるものでもない。私たちは進化の過程のせいで欲しいものを追い求めてしまうのだ。この基本的な欲望なしには私たちはここまで進化しなかった。私たちの祖先はより多くの食糧や水、安全な住居、子供を欲し、道具や武器を発明し、狩猟や農業、建築の技術を磨いた。世代が進むに従い、私たちの心はより洗練されていき、社会は進化し、今日の姿になった。いまや私たちはコンピュータ、宇宙船、冷蔵庫、携帯電話、テレビ、エアコン、車、飛行機、心臓移植、電子レンジ用ポップコーンに囲まれている。

私たちの驚くべき環境形成、変換能力はコントロールに関する強力な幻想を生み出した。それがあまりに強いので、今日になっても私たちの望むものを手に入れたいという欲求は強く、得られて当然だという意識も大きい（この意識はセルフヘルプの指導者によって、強く信じ込めば得られないものはないという主張に拡大解釈されている）。だがコントロールしたいというこの欲求は、上手に扱う方法を知らないと大きな問題を引き起こす。

■コントロールはできるのか？

あなたが人生においてどの程度物事をコントロールできるかを見てみよう。コントロールが明確に不可能なことはいくつか存在する。天候、株式市場、両親から受け継いだ遺伝子などだ。だがいくつかはこれらほど明らかではない。あなたが会社を経営しているとして、顧客やクライアントが継続して取引してくれるかどうかは、コントロールすることができない。もちろん優れた商品やサービスを提供することで彼らを引き寄せることはできる。だが彼らが最終的に買うかどうかはコントロールできない。あなたが誰かに雇われている場合も同様だ。懸命に働き良いサービスに努めることはできる。

だがそれで顧客やクライアントが喜ぶとは限らない。

あなたは車の運転の仕方を変えることはできる。だが交通状況をコントロールすることはできない。自分が他人をどう扱うかは変えられる。だが他人のあなたに対する扱いはコントロールできない。建築業者や建築家、技術者は高層ビルの建て方を知っているが、巨大地震によって破壊されたり、飛行機が突入してくる可能性はコントロールできない。

ではあなたの感情はどうだろうか？　自分の感じ方をコントロールできるか？　あなたはやってみたことがあるに違いない。どの程度うまくいっただろう？　永遠の幸福の状態を保てるようになっただろうか？　悲しみ、怒り、罪悪感、困惑、腹立ち、ストレスなどは消え失せただろうか？　いくつかの状況では感情はいくらかコントロール可能に見える。困難のない安全な状況、たとえば瞑想やリラクセーションのクラスにいる時、あるいは寝室や車の中などプライベートな心地よい空間で自己啓発のＣＤを聞いている時などだ。だが環境が困難だったり対立的な場合、緊張の度合いが高まるほどコントロールも難しくなる。そしてそもそも、あなたが感情のコントロールができるならこの本を読む必要はないだろう。現在の関係がどんなものだろうと良い気分でいられるのだから、あれこれ試してみる必要はないはずだ。

他者はどうだろう？　あなたは彼らをコントロールできるだろうか？　多分無理だろう。たとえ銃を頭に突きつけたとしても彼らをコントロールすることはできない。彼らはあなたに従わず死を選ぶこともできる。歴史を振り返っても、多くの勇者たちがそうしてきた。戦時下では捕らえられた兵士や市民が、匿っていた逃亡者の情報を漏らして同志を犠牲にするより、射殺される方を選んでいる。もちろん頭に銃を突きつけられれば行動に影響が出ないわけはない。だがそれは人をコントロールするものではない。アウシュビッツの強制収容所から生還したユダヤ人心理学者ヴィクトール・フランクルは、その驚くべき自伝『夜と霧』の中で、ナチの兵士に処刑される直前のユダヤ人について書いている。彼らは尊厳をもって死を選んだという。ちょっと極端な例だが、私の言わんとしていることがはっきり伝わる逸話だ。

　こうした例は、一つの基本的真実を示している。人生であなたが確実にコントロールできるのは自分の行動だけ、ということだ。だがこれは、特にパートナーとの関係においては受け入れがたいことだ。私たちはパートナーが望み通り行動してくれることを期待しているからだ。だが、強く健全な関係を作りたいなら無条件にこれを受け入れなければならない。

■エクササイズ：私たちはどのようにパートナーをコントロールしようとしているか

パートナーをコントロールするためにしたことをすべて思い出してほしい。次に、それが短期的にどのくらい効果的だったか、長期的にどのくらいの代償を支払ったかを評価してほしい。一番良いのは日記に以下のような表を描くか、サイトからダウンロードすることだ。

パートナーが言ったこと、したことで気に食わなかったこと。	パートナーを変えるために私が言ったこと、したことすべて。	それは長期的にパートナーの行動を変えたか？	私の行動は長期的に二人の関係を強め、関係を豊かにしたか？　あるいは、それによって何が犠牲になったか？　健康や活力、苦痛、時間

の浪費、怒り、後悔など。

次の表は私のクライアントが書き込んだ答えである。

パートナーが言ったこと、したことで気に食わなかったこと。	パートナーを変えるために私が言ったこと、したことすべて。	それは長期的にパートナーの行動を変えたか？	私の行動は長期的に二人の関係を強め、関係を豊かにしたか？　あるいは、それによって何が犠牲になったか？　健康や活力、苦痛、時間の浪費、怒り、後悔など。
彼はいつもソファに寝転がってテレビを見てる。その時間があまりに長い。いつもジャンクフードを食べてるし。	あなたは時間を無駄にしてる、と言った。彼に嫌味な名前をつけた。（カウチポテト、怠け者、ｅｔｃ）友達や家族の前で彼を批判した。	ノー。 ノー。 ノー。	ノー。私の行動は争い、緊張を生んだだけ。余計に腹が立っただけだった。彼は時にはテレビを消してくれたし、数日間テレビを見ない時も

	泣いた。	ノー。	あったけど、いつもプリプリしていたし、緊張が漂ってた。彼との距離が縮まることはなかったし、彼は結局古い習慣に戻っていった。怒ること、文句を言うことでものすごい時間とエネルギーを無駄にした。
	怒鳴った。	ノー。	
	彼がテレビを見ている時にスイッチを切った。	ノー。	
	ポップコーンを取りあげた。	ノー。	
	テレビのリモコンを彼に投げつけた。	ノー。	
	会話を拒否した。	ノー。	
	ソファで寝るようにさせた。	ノー。	
	罪悪感を感じさせるために、最悪の夫・父だと言ってやった。	ノー。	
	別れると言って脅した。	ノー。	

パートナーの「問題行動」のすべてを書き出したなら、一つ発見があるはずだ。あなたのコントロールの試みは短い期間はうまくいったが、長期的には二人の関係を損なうだけだった。これは「有効性」と呼ばれるACTの重要なコンセプトに結び付く。「有効性」とは、それが長期的に豊かで意味ある人生の構築にどのくらい役立つか、ということだ。ACTでは、ある行動が長期的に人生を豊かにし活力を高める場合、その行動には有効性がある、という。

本書の全編を通して、パートナーとの関係におけるあなたの行動を、正しい・間違い、良い・悪い、すべき・すべきでない、あるいはフェア・アンフェアなどの基準ではなく、単純に有効性の見地から見てほしい。つまり、その行動が長い目で見て豊かで満足な関係を作り上げるかどうか、ということだ。

腹を立てて本書をゴミ箱に放り投げる前に、一つはっきりさせておきたいことがある。私はあなたが沈黙して苦痛に耐え、パートナーが欲しいものを得てまんまと逃げおおせるべきだとは言っていない。それでは豊かで満足な関係とはまるっきりかけ離れている。意味ある幸福な関係ではカップルが両方とも同じ態度を共有しているものだ。私たちはどちらも完全だ、価値ある人間だ、二人とも互いの尊敬、気遣い、思いやりに値する、そして大切な伴侶として人生の小道をともに歩んでいくことを選んだのだ、というふうに。

詩的に表現すれば、カップルが素敵な関係を作りたければ双方がちょうど山のようでなければならない。山は一つでもどっしりと完全なものだ。そして他の山に出会った時、二つの間に新しいもの、谷が生まれる。健全な関係とは二つのそびえる山と雄大な谷があり、そこを人生という川が、速く力強く自由に流れている、といったものだ。どちらの山ももう片方を必要としてはいない。それでいて二つの山の結びつきは、自然の驚異に満ちた、豊かに茂った谷を支えている。

あなたがパートナーについて、自分を完全にしてくれるもの、救ってくれるもの、しっかり支え、助け、問題を解決し、すべての傷を癒し、あなたの必要をすべて満たしてくれるものだと考えているとしたら、あるいは逆に、あなたが支え、助け、何かのプロジェクトのように完成させられるものと思っているなら、将来問題が起こるだろう。山には強固な土台と明確な境界があり、力強く完全で完成している。それでいて豊かで官能的な風景の一部にもなれるのだ。

あなたがこうした考えを受け入れるとして、それは自分の求めるもの、欲するものをあきらめるということではない。あなたはパートナーと同様、感謝され、気遣われ、尊敬・賞賛され、良い扱いを受けることを望んでいる。こうした望みや必要性を認め、重んじるのは当然だ。だがそれらを「絶対に譲れない条件」にするのはやめよう。もしそうなるとあなたはそれを渇望し、しつこく求め、依存的になる。あるいは批判的になり、要求が多くなる。

ここに大きなパラドックスがある。パートナーへのコントロールをあきらめることを学ぶと、彼女はあなたが望むように振舞うことが多い。要求とコントロールの試みがなくなってくると、多くの場合パートナーは安堵感を得る。そうなると彼はあなたの望みを受け入れるようになり、自発的にあなたを優しく扱う傾向がある。もちろんそうなる保証はない。しかしポジティブな変化はよくあることだ。もちろんあなたは要求を告げることができるし、またそうすべきだ。だが厳しく物欲しげに要求する代わりに穏やかに頼んでみれば、パートナーはずっと受容的になるだろう（具体的な方法は第16章で学ぶ）。

もう一つ思いがけなく得られるものがある。あなたがむなしいコントロール戦略にエネルギーを費やすのをやめると、そのエネルギーをあなたが理想のパートナーになるために投資できるのだ。これは非常に良いことだ。なぜなら関係とはダンスのようなものだからだ。あなたがステップを変えると相手も自分のステップを変える。もう一度言うが、そうなる保証はない。あなたのパートナーは以前のステップに固執し、頑固にあなたの足を踏み続けるかもしれない。だがあなたが自分の価値に従い、意識してそれを行動の指針にすれば、二人ともポジティブな方向に変わっていくだろう。そしてその最初のステップとは、自分を観察することだ。

第7章　自分の心を覗いてみよう

「私のパートナーを何とかしてもらえませんか？」

カウンセリングに来たカップルのほとんどがこう言う。また、彼らのほとんどが同じような目的で人間関係についてのセルフヘルプ本を読んでいる。「本を読んでパートナーの問題を見つけたいんです。そうすれば直す方法も分かります」。これはあまり助けになる態度ではない。本気で関係を育てたいなら、真っ先に改善すべきなのはあなたの方なのだ。まず自分の長所・短所も含めて自己観察してみよう。次のように自問してみよう。

●自分はどんなパートナーか？
●どんなパートナーになりたいと思っているか？
●理想の自分と現在の自分の行動にギャップはあるか？

■自分の「価値」を再発見する

「価値」は、どんな人間になりたいか、この星に生きている間、何をしたいかについてのあなたの心の深奥の望みだ。それはあなたが人生で何を支持するか、継続的にどんな行動をするかを決める。価値はあなたに持続的な愛の基盤を与える。価値を無視すると、あなたの関係は土台のない家のように崩壊する。一般的に、関係において緊張と対立が高まるほど、価値とのつながりは切れていく。この章では価値をもう一度見なおしてみる。

■エクササイズ：あなたの十回目の記念日を祝う

ちょっと想像してみよう。今から十年後、あなたはごく親しい友人や親戚と過去十年間の互いの関係を祝っている。実家でのこじんまりとした親密な集まりでも、高級レストランの豪華なパーティーでもよい。自分の望む通りを想像しよう。

あなたのパートナーが立ち上がって、過去十年の二人の人生についてスピーチする。あなたが何を拠りどころとしてきたか、自分にとってあなたはどういう意味があったか、自分の人生であなたが果たした役割は何か。あなたが最も聞きたいと思っていることをパートナーがしゃべっているのを想像しよう（現実のパートナーが言いそうなことではなく、理想の世界で相手から聞きたいことを）。あなたの性格、長所、二人の関係にどのように貢献してくれたかについてパートナーが説明しているのを聞こう。

目を閉じて二分間ほど、このエクササイズをしてみよう。

このエクササイズが教えてくれるあなたの価値は何だろう？　あなたは理想のパートナーとしてふさわしい行動をしているだろうか？　すねたり引きこもったり、不満を言ったり、きつく言い返したり、泣き言を並べたり、食ってかかったり、相手を傷つける言葉や暴言を吐いたり、脅したり、判断を下したり、批判したり、あるいはキレたり……こうしたことで相手の記憶に残りたいだろうか？

ＡＣＴでは価値を「現在の行動が満たすべき基準」と定義している。言い換えれば、価値はあなたが継続的にしたい行動であり、またそのやり方のことだ。価値は接着剤のようなもので、ごく小さな行動を巨大な長期目標に結び付ける。あなたの価値がパートナーを気遣うことだとしたら、それはドアを開けてあげることから出産の時に額の汗を拭ってやること、あるいは死ぬ時に彼女の手を握ることなどをすべて結びつける。パートナーとつながることを価値としているなら、彼女の言葉に注意を払うことから、手をつなぐこと、そしてセックスまでのすべてが結びつけられる。価値がパートナーに貢献することなら、家事から住宅ローンの支払い、転職の手伝いまでが結びつく。

一つ憶えておいて欲しいのは、価値とは「あなたがしなければならないこと」や「した方が良いこと」ではなく、「あなたにとって大切なこと」や「意味あること」だ。「すべき」「すべきでない」や、「必須の」「しなければならない」などが現れたら、価値の領域を離れてしまったということだ。あなたが踏み込んだのはルールの国だ。

■ルールの国

適切な文脈であれば、ルールはとても役立つものだ。車が道のどちら側を走るか、どこまでスピードを出していいか、運転前にどのくらい酒を飲んでよいのか等が決まっていなければ、困ったことになる。だがルールに縛られ過ぎても問題が起こる。私たちは柔軟性をなくして硬直し、制限ばかりの空虚な人生になってしまう。

価値からルールの世界に移った時、それが分かる方法がある。価値はあなたの心を開き、本当に意味ある行動をすることだ。それは陽気さや、開かれた心、高揚した気分をもたらす。ルールは通常ある種の「重さ」を持っている。義務、任務、負担などだ。一方、価値は「欲する」「選ぶ」「望む」「価値」「重要な」「意味のある」「大切な」などを含む。ルールは「した方がよい」「必須」「しなければならない」「するべきだ」、あるいは「必要だ」「正しい」「間違い」「良い」「悪い」などの言葉を含む場合が多い。以下はその違いの明確な例だ。

ルール：私はパートナーの欲求を考慮してやらなければいけない。
価　値：私はパートナーの欲求を考慮していきたいと思う。

ルール：エクササイズの習慣をつけないとだめだ。太ってしまうからね。
価　値：習慣的にエクササイズをするのは大切だ。私は健康と幸福に価値を置いているから。

ルール：パートナーとより良い時間を過ごさなくてはいけない。そうするのが正しいことだから。
価　値：パートナーとより良い時間を過ごすのは自分にとって大事なことだ。私が望む関係を作り上げるのに重要だから。

ルールと価値を区別することは三つの理由でとても大切だ。第一に、ルール通りに人生を生きていると息が詰まり、重圧やストレスを感じる。一方で、価値に従うと陽気さ、自由、心の開放などが得られる。第二に、どんな価値だろうと、それに即した行動は無限にある。ルールのもとではあなたができる行動は制限されてしまう。価値はあなたに大きな柔軟性をもたらす。ルールは選択を狭める。ルールに盲目的に従うと柔軟性がなくなり硬直する。第三に、カップルが対立する価値を持つのは稀だということだ。双方が同じ価値を持つケースの方がはるかに多い。よくあるのが、価値は同じでも行動のルールが異なる場合だ。そのとき、自分のルールに固執し、それが「正しく」パートナーのルールが「間違い」だと主張すると、対立の火種になる。根源的なレベルで同じような価値を持っていることが理解できれば、価値は互いに受け入れあい、尊敬しあうための大いなる助けになる。

ジャネットとミッチのケースを例にとろう。ジャネットの年老いた両親は三〇〇マイル（訳注：約四八〇キロメートル）離れたところに住んでいた。ジャネットは三、四週間に一度は彼らを訪れたいと思っていたが、ミッチはそれは少し多過ぎると考えていた。彼は年に二、三回以上は行きたくなかった。問題解決の手始めとして良いのは、二人の価値が似ていることに気づくことだ。二人とも家族と過ごすことに価値を置いているし、親戚と良い関係を保つことは重要だと考えていた。対立の原因は価値ではなく、行動のルールが違うことにあった。

二人の持つ価値が同じだと知ったことで共通点ができた。その共通点は互いに相手を攻撃し自分の立場を守る必要のない、安全なスペースを生み出した。そして以前よりはるかに実りある話し合いができるようになった。彼らは互いの異なるルールを検討し、それにしがみつくことによる犠牲について考えた。そしてルールを少しばかり変えることができるか話し合った。

カップルがまったく異なる価値を持っているケースも存在する。たとえば、ミッチにとって家族で過ごすのはまったくどうでもいいことだとしよう。状況は明らかに厳しくなる。しかし、話し合いの時に双方が優しさ、相手を気遣うこと、尊敬することに価値を置くなら、結果ははるかに良いものになるだろう。

■価値、価値づけ、そしてゴール：人生に方向性を与える

価値はあなたに方向を教えるコンパスのようなものだ。それはあなたを導き、旅の間じゅう進路を保ってくれる。だが、コンパスを見ながら行きたい場所を考えるのは、旅に出ることとは違う。旅に出るためには腰を上げなければならない。価値をはっきりさせることは重要だが、それに沿って行動して初めてあなたの人生は向上するのだ。価値をガイドにしながら行動することは、ACTで「価値づけ」と言われるものだ。

価値づけは常に進行中のプロセスだ。それはちょうど西に向かって旅するようなものだ。どんなに遠くまで西を目指してもそこに到達することはない。ゴールは旅の途中で横切ろうとする川、山、そして谷のようなものだ。ゴールは手に入り、完成できるものだ。だが価値づけは終わることがない。あなたが誰かを愛し、気遣い、援助したいとしよう。それは価値であり、現在の行動に望ましい性質だ。価値に従って行動する時、それは価値づけとなる。価値を無視している時は価値づけは行われない。だが価値に沿って行動していようといまいと、価値は常にそこにある。それは手に入ることも完成されることもない。価値は人生の残りの日々ずっとそこに存在するのだ。一方、あなたが結婚を望んでいるとしたら、それはゴールだ。それは「リストから削除」したり、「終了」「完成」「達成」できるものだ。愛する、気遣うなどの価値をまるっきり無視しても、結婚というゴールに到達できる（結婚生活は長くは続かないだろうが）。

■価値、願望、欲求、そして欲望

価値は願望や欲求、欲望などとは異なる。あなたはパートナーに対してあらゆる種類のものを望み、必要とし、あらゆる欲望を持つだろう。たとえば思いやり、気遣い、尊敬、優しさ、慈しみの心、愛情、親密さ、セックス、そして受容など。あなたがパートナーに求めるものは何かを知っておくことはとても重要だ。第16章、第17章、第18章ではそれを得るチャンスを高める方法を見ていく。だが今はこれには触れないでおこう。

明確にしておきたいのは、あなたの欲求と欲望は価値ではないということだ。あなたの価値とは、あなたがしたいこと、したい行動だ。あなたが他者から得たいものではない。シンプルに言えば、あなたの意志だけで実行できないことは価値ではない。パートナーから愛情を受け取りたいというのは願望、あるいは欲求、もしかすると欲望かもしれない。だが価値ではない。一方、愛を与えることは価値だろう。あるいはパートナーが愛を育む手助けをする、パートナーの愛に報いる、愛を育てる空気を作る、これらはすべてあなたが継続できる行動だ。あなたが願望、欲求、欲望に取り組む前に価値について考えるのには理由がある。自分が価値に基づいて行動するかどうかは完全にコントロールできる。だがパートナーの反応をコントロールするのは不可能だ。自分のコントロール下にあるものだけにフォーカスすることで自信が持てる。これはパートナーと交渉する時にとても役に立つ。

■価値とはあなたがしたいこと

ここであなたに自分の価値を書き出してもらいたい。だがその前に一つはっきりさせておこう。あなたの価値はあなたがしたいことだ。あなたが感じたいことではない。あなたが書いたものが、愛される、大事にされる、援助される、成長の手助けをされる、尊敬される、重要視される、感謝される等だとしたら、それは価値ではなく「感情についての目標」である。こうした感情を求めるのは自然なことで、誰もが欲しいと思う。問題は、それが得られるかどうかはほとんどコントロールできないということだ。だが価値ははるかに私たちを力づけてくれる。なぜならそれは、あなたが何を感じていようと心の奥深くに常に存在するからだ。私たちはいつ何時でも価値にアクセスすることができる。

価値は偉大な友人であり、必要な時にあなたを助け、導くためにいつも待機している。

もう一つ憶えておいてほしい、あなたの価値はあなたに関することだ。あなたが支持することであり、あなたがどう行動したいかである。パートナーに何を望むか、どのように行動を変えてほしいかなどは、欲求や欲望であって価値ではない。

■エクササイズ：パートナーとの関係においてどんな人間でありたいか

日記かダウンロードしたワークシートを取り出して以下の質問に答えて欲しい。助けが必要なら、この章の初めにやった十年目の記念日のエクササイズをもう一度やってみよう。

- 関係の中で自分のどんな性質を活かしたいか？
- 自分の性格の長所で、利用したい、あるいは伸ばしたいものはなにか？
- 継続的にどんな振る舞い、行動をしたいか？
- パートナーとして、何に価値を置きたいか？
- パートナーに、あなたにもっとも感謝する十のことは何かと質問したときに、あなたが一番聞きたい答えは何か？

この質問であなたはどんな発見をしただろうか？　自分の価値をより明確にする何かを見つけたのではないだろうか。だが私のクライアントは時に誤解することもある。「私は常に優しく愛情深くなければいけないって言うんですか？　そして相手に好き勝手をさせろと？」
「まったく違うよ」私は言う。「心の底では、誰もドアマットのように踏みつけにされることなど望んでいない。ドアマットみたいに振舞う人々はたくさんいるけれど、それだと二人の関係がエネルギーを失うことは確実だ。実りある関係を続けたければ、まず自分をケアしなければならないし、自分に正直にならなければいけない」

　したがって、あなたの価値は自分をはっきり主張できる、自分の権利を守れる、自分が必要なものをきちんと伝えられる、欲しいものを要求できる、そして適切な場合ははっきりノーが言える、などを含んでいるだろう。破城槌（はじょうつい）（訳注：古代に用いられた壁などを打ち壊す武器）のような暴虐的な存在になれ、大声で主張をごり押しし、批判し、思い通りになるように力で服従させろと言っているわけではない。相手が正直に心を開き、あなたとの関係について語る時、それが友人だろうと同僚だろうとクライアントだろうと、あるいは自分の親や子供だろうと、あなたはどんな話し方をされたいだろうか？　怒りと敵意を持った辛辣で意地悪な態度か、それとも尊敬、愛、理解、気遣い、そして受容に満ちた態度だろうか？

　正当な自己主張とは、自分にも相手にも尊敬と気遣いを持ちながら自分の考えをきちんと伝え、必要を満すことだ。したがって自己主張を価値の一つとするなら、そのことを書き留めておこう。攻撃的とは、他者への尊敬も配慮もなく、ひたすら自分の権利を主張し、欲求を満たそうとすること、暴虐的な破城槌になることだ。一方、受け身とは自分を主張せず、自分の欲求も満たそうとしないことだ。あなたが受け身の時は、自分の負担がどんなに大きかろうと、自分よりも相手の欲求を優先してしまう。別の言い方をすればドアマット状態である。あなたが相手の言いなりになればなるほど自分に不正直になっていき、疲弊し、エネルギーが低下し、ストレスが溜まり、燃え尽き、不安と鬱になっていく。長い間にはあなたもあなたのパートナーもその犠牲になってしまうだろう。ドアマットも破城槌も、関係からエネルギーを受けられなくなってしまうのだ。自分の価値を決める場合、パートナーへの尊敬と気遣いはもちろんだが、自尊心とセルフケアについても考慮するべきだ。

■「私は正しい、間違っているのはそっち」の物語

私が自分のクライアントと「価値を明確にするエクササイズ」をする時、彼らの怒りが爆発することがある。「なぜ私のことばかり話題にするの？　これは彼の問題よ」。あるいは「僕は今のままで何の問題もない。彼女が僕をイライラさせるのを止めさせたいだけなんだ」。ひとしきり文句を聞いた後、私は質問する。「ではあなたは、自分が向上する余地はまったくないと言うんですね？　より良くできることは何一つないと？　自分は完璧なパートナーだと言うんですね？」。

すると困惑した答えが返ってくる。「いや、そんなことは言ってないよ」。彼らの怒りは大抵これで収まるが、そうでない時もある。中にはこう主張するクライアントもいる。「もちろん僕はパーフェクトじゃない。でも、まともさ。行動を変えなきゃならないのは彼女の方だ」。

ACTではこういう態度を「私は正しい、間違っているのはそっち」の物語と呼んでいる。私たちは誰しもこの物語のそれぞれのバージョンを持っている。そして時折この物語に囚われる。これはなかなか厄介だ。自分は正しくて相手が間違っていると考えはじめると、その人物との関係はどうなるだろう？　それは尊敬と愛とオープンな心を含んでいるだろうか？　それとも緊張と対立、敵意に満ちたものになるか？

私はいつもこのタイミングで「有効性」のコンセプトを説明する。「この物語は長期的に見てあなたの関係に有効か」ということだ。私はこう質問する。「あなたは正しくパートナーの方が間違って

いて、変わるべきは相手のほうだと信じているとして、それは二人の関係を豊かに成長させるだろうか?」)。パートナー=解決すべき問題だと考えていると、あらゆる種類の緊張が起こることは避けられない。というか、誰かがあなたをそう見ているとしたらどんな気がするだろう?

それでもこう反論するクライアントもいる。「でもほんとにそうなんです」。彼らは主張する。「パートナーのやってることを見れば分かりますよ」

私は言う。「ここでは真実かそうでないかの議論はしません。注目すべきはそれよりもずっと大事なこと、それは「あなたの関係にとってなにが一番役立つか」です。あなたに気づいてほしい。真実かどうかはさておき、変わるべきは相手で自分ではないという考えにしがみついている時、それはあなたの態度や行動にどう影響するだろう? パートナーへの接し方にどんな影響を与えるだろう? 長い目で見て、それは二人の関係にとって良いことだろうか?」。

■愛に満ちた関係の基礎:接続、気遣い、貢献

まず、価値において「正しい」「間違い」は存在しない。それはちょうどアイスクリームのようなものだ。あなたの好きな味はメープル・ウォルナッツかチョコレートチップ、ラズベリーリップルかもしれない。それらに正しいも間違いもない。好きな味は好きな味だ。ミントが好きなら、それを正当化したり説明したり弁護する必要はない。そして、あなたの価値はあなたの価値だ。それ以上でもそれ以下でもなく、弁護も正当化もいらない(もちろん、社会は価値に基づく行動に一定のルールを課す。正しい・間違いのルール、善・悪のルールなど。これらは「倫理」「道徳」あるいは「行動規範」と言われるものだ。また社会はある価値を別の価値よりも良いものだとすることもある。これはいわゆる「良識」だ)。

価値に正しい・間違いはないにしても、豊かで満ち足りた、意味のある関係に不可欠のものは存在する。受容、思いやり、接続、貢献、公平さ、優しさ、尊敬、開かれた心、正直さ、誠実さ、そして信頼など。これはもちろん完全なリストではない。これに加えられる価値は山ほどあるだろう。だが同時に、これをシンプルにして愛ある関係の基礎となる三つの基本的価値に簡略化することもできる。接続、気遣い、貢献である。深く親密に、完全にパートナーとつながることが重要なら、また真にパートナーの感情、幸福、バイタリティーを気遣っているなら、そして本当にパートナーの健康や幸福、生活の質に貢献したいなら、その他の価値は自然についてくる。

接続、気遣い、貢献は愛や温かさ、親密さという建物の土台である。これらに極端な不足があれば、関係は成長することなく萎んでしまうだろう。人々はそれぞれ違う言葉でこれらの価値を表現する。あなたにも、自分で考えてもらうためにいくつか例を挙げよう。

接続……私はパートナーとの距離を縮めて親密になりたい。彼に心を開きたい。私の考えや気持ちを彼と共有したい。見せかけの自分を捨て、真の私を知ってもらいたい。彼とつながり、結びつきを強めたい。彼に対する興味を深めたい。一緒に楽しみたい。彼の真の姿を見たいし、彼に私の真の姿を見てもらいたい。

気遣い……パートナーの側にいてやりたい。彼女を助けサポートしたい。私にとって彼女は大事な存在だということを相手に知らせたい。愛ある行動をしたい。優しく、思いやり深く彼女に接したい。もっと受容的で寛大になりたい。もっとフレンドリーで温かく、愛情深い、彼女の良き理解者になりたい。

貢献……援助、励まし、インスピレーション、助言など、与えられるものすべてをパートナーに与えたい。手助けでも、抱擁でも、必要なものは何でも提供したい。彼の人生の旅路において助けになるために、時間やエネルギーを投資したい。彼を支え、助けになる存在になりたい。

想像してみよう。緊張と対立が起こった時に気遣いと接続、貢献という価値を持ち込んだら何が起こるだろう？　気遣い、優しさ、尊敬を、問題を話し合ったり、対処したり、自分のニーズを要求する時の基礎に据えたらどうなる？　あなたの関係はどのように向上するだろうか？

価値について考える時、心に留めるべきことがもう一つある。あなたはどんな性格の人間になりたいのか？　もっとオープンになりたいか、正直で主張ができ、自立した人間か？　話しやすく、協力的で、気遣いがあり、愛に満ち、セクシーで官能的で、楽しむことが好きで、自発的で創造的、気安く、勇敢で、穏やかで楽観的、感謝を知り誠実で、信じるに足る、あるいは信頼できる人間になりたいか？

さて、あなたは価値についてより良く理解したと思う。ここでさきほど行ったエクササイズに戻ろう。二人の関係においてあなたはどんな人間になりたいか？　最初に書いたものに付け加えることはないだろうか？

■もしパートナーが乗り気なら

二人でこの章のエクササイズを完成させよう。その後、三十分ほど時間を取り、お互いの考えを話し合おう。互いの価値が似通っていることにびっくりするかもしれない。もちろん著しい違いに驚くこともある。もし大きな違いを発見したら、以下のようにしてほしい。

まず、この違いをストレスの原因にしてはならない。「なんてことだ、僕たちはこんなに違うんだ！　どうしたらうまく行く？」。違いはただの違いに過ぎないと認識しよう。あなたの価値が正しくてパートナーの価値が間違っているということではない。二人は異なる人間だということだ。次の章を読めば、大きな違いがあっても健全な関係を築けることが分かってくる。

次に、価値には様々なレベルがあることを理解しよう。表面的には価値の違いは大きく感じられるかもしれない。だが少し掘り下げると同じものであることは多い。あなたの価値がフットボールをすることだとしよう。一方パートナーの価値はテニスをすることだ。ずいぶん異なる価値のようだが根底は同じだ。互いに競技的なスポーツに価値を置いているのだ。では、あなたが競技スポーツに価値を置く一方で、彼女は余暇に絵画やヨガをするのが好きという場合。これも、表面的にはずいぶん異なる価値に見える。だが深層ではこれらも同じものだ。二人とも余暇の過ごし方として刺激的でやりがいのあることに価値を置いているのだ。

一例を挙げよう。ヒースは仕事に時間を取られ、いつも遅くに帰宅する。シェリーはこれは子供に良くないと考えている。もっと早く帰宅して、子供と過ごしてほしいと思う。一見異なる価値だ。ヒースの価値は一所懸命に働いてお金を稼ぐこと、シェリーの価値は家族として時間を過ごすことだ。だが二人の根底の価値は同じだ。子供たちのためにベストを尽くしたい。良いものを与え、充分なケアをし、彼らが成長・発展し、一人前になっていくのをサポートしたい。

問題は価値の相違ではなく、ヒースとシェリーのそれぞれのルールが違うことだった。ヒースのルールは「子供たちに必要なものを与えるために必死で働く」。ルールに従っていれば家族休暇のために充分な収入を得て、子供のために服や玩具を買い、良い環境の地域に家を持つことができる。一方シェリーのルールは「家族として一緒に過ごすこと」だった。このルールのおかげで家族は強い絆を保ち、充実した時を過ごし、豊かで健全な関係を持つことができる。

価値がぶつかりあう、あるいは大きく異なると感じた時は、それらを掘り下げて共通点がないか探ってみよう。いつもうまくいくわけではないが、たいてい何か見つかる。一度同じ価値を持っていることが分かれば、有効性の点からルールを見直すことができる。だがルールに固執したり、自分のルールが正しくて相手のが間違っていると主張したら、関係の向上は難しい。より良いバランスを見つけるためにルールを曲げたり変更する、あるいは少し軽く考える余地はないだろうか?

■価値：秘密の谷

価値は、あなたの眼前に広がる肥沃で広大な谷のようなものだ。おいしい果物と透き通った水に恵まれ、驚異的な生き物が生息する。この谷と、ここで発見できるものに想像を巡らすのは楽しい。だが実際に探検してみなければ、それがどんなものかは絶対に分からない。価値づけするとは、靴を履いて谷を歩いてみることなのだ。そして、あなたが歩き続ける限り、すべての一歩に意味があるのだ。それがどんなに小さな一歩でも。

■価値に基づいた行動

あなたができるちょっとしたこと、関係を深めるための価値に基づいた行動について考えてみよう（もしかするとあなたはひどく傷つき、怒り、あるいはパートナーに対する不快感でいっぱいなため、今すぐに行動する気になれないかもしれない。その場合、今の自分の状況を認めよう。これらの問題は次の二つの章で取り組む）。次のリストは始めるに当たってのいくつかのアイデアだ。中心に据えるのは三つの基本的価値、接続、気遣い、貢献だが、関係において重要な価値はこれだけではない。自分独自の価値を加えよう。日記かワークシートに答えを書き込もう。

言葉……より深い接続の感覚を生み出すために、あるいはあなたが相手を気遣っていることを分かってもらうために彼に言える言葉は何か？　例えば「愛してる」はどうだろうか？　「あなたのためにいつでもここにいる」「して欲しいことがあったら言って」「あなたが私の人生の一部であることを感謝してる」などは？　もっとシンプルな言葉、「ありがとう」「ごめんなさい」「許してね」なども、心から発するならとても効果的だ。言葉だけでなくショートメッセージやカード、Eメールで伝えるのも有効だ。

行為……健康、幸福、活力などの面でパートナーの助けになれる行動は何だろうか？　夕食を作る、車を修理する、夜の外出の計画を立てる、彼女の仕事や雑用を助ける、あるいはちょっとしたプレゼント、花やCDを贈るのもいい。

身体的行為……接続と気遣いを身体的に表現するにはどんな方法があるだろう？　抱きしめる、キスする、手をつなぐ、髪に触れる、背中を撫でる、二人でソファに腰掛ける、等。

■甘美な体験ばかりではない

価値に沿って行動すると、それ自体が満足をもたらしてくれる。あなたに意義や目的、活力を与えるだけでなく、自分に忠実であることの満足感がもたらされるのだ。さらにボーナスとして、あなたの関係にも大きなプラスになる。しかしながら、人生が喜びと幸福に満ちるということではない。価値に基づいた人生でも、痛みや不快感はついて回る。あなたがこの谷を探検する途中、転んでしまうこともある。切り傷を負ったりあざを作ったり擦りむいたりもするだろう。雨やかみなり、雪に見舞われ、濡れたり寒さに震えたり、空腹で道に迷ったり、孤独と恐怖に襲われたりするかもしれない。だがそれも大冒険の一部なのだ。ハイな気分の時もあれば落ち込むこともあるだろう。喜びも悲しみも、楽しみも痛みもある。だが、どんな時もあなたは全力で生きている。そして常に自分に挑戦し、成長していく。コンフォートゾーンに留まって時間を無駄にするよりはるかにましである。

これは理屈としては非常に素晴らしいが、現実には問題もある。この雄大な谷はしばしば見えなくなる。怒り、腹立ち、フラストレーション、恐怖、痛み、苦しみの霧が立ち込めるのだ。この「心の霧」はたくさんの苦痛の物語でできている。パートナーの欠点、自分の関係に足りないもの、過去にあなたを傷つけ怒らせた出来事など。こうした苦痛の思考や思い出は一つにまとまって層をなし、黒く分厚い霧となってその向こうにある谷を完全に覆い隠してしまうのだ。次の章ではこの霧について、それがなぜ生まれるのか、どうすれば追い払えるかを学ぶ。その前に、あなたにしてもらいたいことがある。毎日少なくとも五分間、以下の各項目について考え、それを日記かワークシートに書き出してほしい。

●あなたが自分の価値に沿って自分が理想とするパートナーにふさわしい行動をした時、それに気づこう。どんな気がしたか？　それは二人の関係にどんな影響を与えたか？

●あなたが「自分は正しい、間違っているのはそっち」の物語に囚われた時、あるいはパートナーが問題の源であると考えた時に何が起こるか見てみよう。自分の態度、感情、行動がどう変わるか？　二人の関係はどうなるか？　自分の健康、幸福、活力に何が起こるか？

●価値づけをしてみよう。まずシンプルで簡単なものから始めよう。気遣い、接続、貢献についての小さな行動をしよう。たとえば、日中パートナーにいきなり電話をしたりメールやショートメッセージを送って、「愛している」と伝えたりするのも良いかもしれない。一日の終わりに自分のしたこと、そしてその時の気持ちを書こう。

●まだ価値づけをしていないのであれば、その理由を考えてみよう。あなたを押しとどめている考えや感情は何なのか?

価値に基づいた行動は関係に不可欠のものだ。それがなければ関係は萎びて死んでしまう。だが一つ注意点がある。価値に基づいた行動を、パートナーから何かを得る目的で行うなら、あなたは価値を欲求・願望・欲望・感情面での目的にすり替えている。これはたぶん問題を生み出す。あなたに失望やフラストレーションをもたらすのだ。自分にとって重要だからという理由で行動するようにしよう。それは、あなたが人生において大切にしているものを反映しているのだ。自分が理想とする人物として行動している時、どんな気持ちがするかに注意しよう。

第8章　霧の中で

　さて、自分がどんなパートナーになりたいか考えが固まったと思う。ここでの質問は、あなたを邪魔しているものがあるとしたらそれは何か、ということだ。あなたがもっと相手を気遣い、思慮深く、優しく、愛と思いやりに満ちたパートナーになりたいのは間違いないだろう。だが同時に、何かがあなたを押しとどめているのではないか？　緑が生い茂った「価値の谷」を探検したいなら、まずそれを覆い隠している霧を追い払わなければならない。それにはまず霧が何からできているかを知っておこう。以下の質問に答えるとそれが分かる。日記かワークシートを取り出し、答えを可能な限り詳しく書いてほしい。

　奇跡が起こってあなたのパートナーが突如「完全なるソウルメイト」に変貌したとしよう。欠点がまったくなく、気に障る癖もなく、いつもあなたのそばにいて、あなたの欲求・望み・欲望をすべて叶えてくれる存在だ。

●もしそうなったらあなた自身はどう変わるか？
●あなたがやめること、始めること、増やす行為、減らす行為は何か？
●あなたはどんなパートナーになろうとするだろうか？
●自分のどんな資質を伸ばそうとするか？

●パートナーに対してどんな態度で接するよう努めるだろうか？
●彼が苦痛を感じている時、どう接するだろうか？　彼女が何らかのミスをした時、何かを台無しにした時、あなたはどんな態度をとるだろうか？

自分自身についてどんなことが分かっただろう？　自分の今の行動と理想の行動のギャップに気づいたろうか？　気づいたならそれは良い兆候だ。あなたは正常な人間だ。あなたの関係が困難でストレスに満ちているほど、ギャップも大きくなる。だが時間とともにあなたはギャップを埋められるだろう。最初のステップはギャップの存在を認めることだ。

今の段階ではまず心の声を聞こう。多くの人は、ギャップを認識すると心が必死でそれを正当化しようとすることに気づく。よくあるのは、「彼があれをしてくれさえすれば、こんな行動はしないのに」あるいは「彼女があれをやめてくれれば、こんなことはしなくてすむんだ」というものだ。こういう考え方をするのは正常だが、あまり助けにはならない。正当化は、価値に基づいた生活という素晴らしい冒険を邪魔する、心理的な霧を形成する層の一つだ。次の四つの質問で、霧を作っている他の層についても明らかになるだろう（今すぐに答えを書き出そう）。

●今すぐ価値に基づいて生きることを引き留めているのは何か？
●価値に基づいた生活を始めたとして、起こりうる最も恐ろしい状況は何か？
●価値に基づいた生活を始める前に、まず何が起こる必要があるのか？
●自分より先に、まずパートナーが変わるべきだと考えているか？　その際、パートナーにどんなことをして欲しいか？

■層の上に層が重なる精神の霧

あなたの精神の霧は、助けにならない思考、恐ろしげな予想、頑なな態度、辛辣な批評、苦痛の記憶などでできた、強力で有毒な混合物だ。それは何年もかけて何層にも重なり、分厚い黒い雲を形成し、あなたの息を詰まらせ窒息させる。そしてあなたを望む人生から遠ざけてしまう。先ほどの質問に答えたなら、あなたは以下に挙げた霧の層のいくつか、もしかするとすべてを見つけたのではないか。

■「すべき」を形成する層

この層は以下の思考からできている。

- なぜ私がそんなことをしなければならないのか?
- 悪いのは私じゃない。私は何も変わらなくていい。
- なぜ彼を楽にしてあげなきゃいけないのか?
- 彼女の私に対する扱いは間違ってる。
- 彼は間違いを認めて私にあやまるべき。
- 二人の関係がこんなに大変だなんておかしい。

これらの思考に囚われると、私たちは正しさにこだわり、怒り、憤慨する。「すべき」という言葉は、守らなければならないルールの存在をほのめかしている。あらかじめ示していたルールをパートナーが破ると私たちは腹を立てる。次の質問について考えてみて欲しい。

あなたの心がパートナーがすべきだと主張していることは何か？　彼はあなたの望みを知っているべきだろうか？　彼女はあなたの願望に敬意を払うべきか？　彼は自分で服を片付けるべきか？　彼女はあなたの友人たちを認めるべきか？　彼は前戯にもっと時間をかけるべきか？　彼女はもっとセックスに興味を持つべきか？

こうした考えを持つのはまったく自然だ。心というものは「すべき」の生産工場なのだ。それは果てることなくあらゆる形状、大きさの「すべき」を紡ぎ出している。あなたは言うだろう。「でもそれは真実でしょ。彼は自分で服を片付けるべきよ」。だがここでは真実かどうかは問題ではない。すべては有効かそうでないかだ。「すべき」は二人の関係にどんな影響を与えるだろうか？　怒りが増すだけ、緊張と対立が深まるだけではないだろうか？

■「努力してもムダ」の層

この層は、未来は暗澹たるもので努力しても仕方ない、という考えからできている。二つの例を挙げよう。

●もう遅い。もう散々傷ついた。修復は不可能だ。これ以上時間を費やして何になる？
●彼女は変わってはくれない。なのに何で努力するんだ？

こうした考えが浮かんだことはないだろうか？　ほとんどの人はあるはずだ。特に困難な状況にある時は。だが、これらの考えに翻弄されてしまったらどうなるだろう？　あきらめてしまったら、あなたの関係はどうなるか?

■「もし~でさえあれば」の層

この層は願望的思考によってできている。

●彼がもう少ししっかりしてくれれば……。
●彼女がもう少し自分に干渉しないでくれれば……。
●彼が感情をもっとオープンにしてくれれば……。
●彼女が僕の両親とうまくやってくれさえすれば……。

私たちは時おり願望的思考に囚われる。それは少しの間夢想の世界に逃げ込むことだ。「もし~でさえあれば」の世界にいる時間が長いほど、あなたは現実の世界に不満を抱く。ちょっと気を抜くと、あなたはすぐにこの霞のかかった思考に迷い込み、数時間を無駄にしてしまう。こうした思考は長い目で見てあなたの助けになるだろうか? 二人の関係において何かの助けになるだろうか?

■「過去の苦痛」の層

この層は過去の関係でうまくいかなかった出来事の、苦痛の記憶でできている。パートナーが何かを台無しにしたり、あなたを傷つけたり、がっかりさせたりした無数の経験だ。

ほとんどの人は苦もなく思い出せるだろう。緊張状態になると、心は自分のDVDプレイヤーをオンにし、フルボリュームで何の役にも立たないこれらの古い映像を見せるのだ。私の言葉を信じる必要はない。自分の経験に照らせば分かるだろう。苦痛の経験が関係の役に立ったことがあるだろうか？　怒りと、正しいのは自分だ、という感覚が呼び起こされただけではないか？　それはあなたの不満を助長したのではないか？

■「未来への恐れ」の層

この層は、自分が変化した場合、何かがうまくいかなくなるのでは、と恐れる気持ちからできている。

●彼女は僕を利用するかもしれない。
●私は傷つくかもしれない。
●彼は責任を果たさなくなるかもしれない。
●彼女はまったく変わらないだろう。
●彼は同じことを繰り返すだろう。
●彼女は「そうしてもらって当然」と思うようになるだろう。
●私はこの関係に縛られるだろう。状況はどんどん悪くなるばかりだ。
●パートナー選びを誤った。他の人ならもっと幸せになれるのに。
●今すぐ別れないと歳をとり過ぎて新しい出会いがなくなってしまう。

私たちは未来についての恐ろしいシナリオを想像してしまう傾向がある。だがそれは自然なことだ。これも進化の副産物だ。私たちの先祖はいつも危険を予期していなければならなかった。それを怠ると食われてしまう。危険を予期し備えているほど、長生きして多くの子孫を残せた。このため世代を重ねるごとに人間の心は進化し、危険を予期するようになったのだ。その結果、現代人の心は常に、自分を傷つけ害をなすものを探すようになった。まずいことにこの傾向は「心配」「ストレス」あるいは「最悪の想像」として残ってしまった。

次の話は恐れの物語の中で最も説得力のあるものだ。「私が変わると、パートナーは私につけ込んでくるかもしれない。面倒な仕事を全部押し付けられて、私はいつも与えてばかり。受け取るのは常に相手の方になる」。これは良くあるもっともな恐れだ。パートナーに「前科」があればなおさらだ。だがあなたがこの物語を信じれば、いつまでも同じ状況が続く。あなたは「相手が変わるまで自分も変わらないぞ」という待ちのゲームにうんざりしているのではないだろうか。ゲームはうまくいっただろうか？　膠着状態から抜け出すための唯一の方法はあなたの方から動くことだ。ぜひ試してほしい。あなたが最初に変わって、あなたの予想通りの結果になったらひどくがっかりするだろう。だが少なくともやってみたという事実は残る。挑戦しないなら関係がどうなるかは火を見るより明らかだ（また、あなたの心が協力してくれるなどと思ってはいけない。むしろ心は「うまくいかない」の物語をささやき続けるだろう。それがあなたの注意をひく良い方法だと知っているのだ）。では、次の質問に答えてほしい。

●あなたの心がささやくもっとも恐ろしい物語は何か？

●この物語に囚われることは、関係を向上させるための行動を起こす助けになるか？　より親密になる助けになるか？

●物語に囚われると変化を起こす気持ちがしぼむか？　あきらめて関係を投げ出したくなるか？

■「理由づけ」の層

この層は、私たちが考え出す「変化を起こさない・起こせない理由」からできている。

● 私はあまりに落ち込んでいる・ストレスを感じている・疲れている。
● もうたくさんだ。これ以上トライするエネルギーがない。
● 私は今の自分で満足だ。変わるべきなのは彼女の方だ。
● 変わるには歳をとり過ぎている。
● 私はいつもこうやってきた。これが私のやり方だ。受け入れるか、さもなければ別れるかだ。
● もうどうでもよい。
● 彼が変わるなら私も変わる。

心は理由を考える天才だ。だがその理由はたいてい「言い訳」だ。短期間ならそれはとても便利だ。私たちは面倒な仕事がもたらす不快感を避けられる。だが長期的には助けになるだろうか？　常にこうした言い訳をしていたら、その言い訳に自分の行動を支配させていたら、長い目で見て関係はどうなるだろうか？

■「価値判断」の層

この層はパートナーに対するネガティブな判断からできている。

●彼は良い扱いを受けるに値しない。
●アイツは性悪だ。何で俺が優しくしてやらなきゃならないんだ？
●彼は負け犬。どうして尊敬できる？
●彼女はいつも喧嘩腰だ。悪いのは彼女だ。
●すべての問題の種は彼で、私じゃない。

ここでちょっと考えてみよう。あなたの心はパートナーについてどんな判断を下しているか？

●心があなたのパートナーを酷評し、粉々に切り刻む時の一番ひどい批判は何か？　一番ひどい言葉は？　自己中？　怠け者？　性悪、ろくでなし、それともサイコだろうか？　馬鹿野郎、キモイ、弱虫、傲慢、自分勝手、意地悪、やきもち焼き、ずる賢い、身勝手、ムカつく、支配欲が強い等々？
●こうした思考に囚われている時、二人の関係に何が起こっているだろうか？　あなたはこれらの思考を持っていたいか？　思考にがんじがらめにされている時、どんな感じがする？
●これらの思考があなたの行動をコントロールするのを許すと、関係の修復や向上に役立つか？

■「理由は分かっている」の層

この層は憶測によって形成されている。あなたはパートナーを分析し、相手がその行動を繰り返す理由を見つけようとする。「なぜこんなことをするんだ？」。パートナーの無意識の動機、隠れた欲望、秘密の意図など、心はもっともらしい理由を考えつく。心はこれらを無限に生み出す。ここでちょっと考えてみよう。あなたの心はパートナーの行動についてどんな説明を考え出したか？　以下に該当するものがあるだろうか？

●彼女はわざとやってるんだ。自分の正しさを証明するためにね。
●彼は私を傷つけようとしてやってる。
●本気で望んでいるなら変われるはずだ。彼女はやる気がないんだよ。
●彼は無意識に女に対する敵意を持っているに違いない。
●彼女は心の底で俺と別れたがってるんだ。

パートナーを分析するのはなかなかエキサイティングなゲームだ。そして理由も結構もっともらしい。だが、こうした憶測を事実としてしまうとどうなるだろうか？　これらを事実と考えてしがみつくことは、より良い関係を築くうえでプラスだろうか？

■「根深い恐れ」の層

深く根を張った恐れは往々にして価値の邪魔をする。中でも一般的なのは、捨てられる恐怖（パートナーが去ってしまう恐怖）、コントロールされる恐怖（パートナーがあなたを抑圧し、言いなりにする恐怖、あなたに立ち入ったり、より多くの愛情を要求してあなたを困らせる恐怖）、そして無価値の恐怖（自分は不完全で価値がなく、愛される資格もないと感じる恐怖）の三つだ。これらの心の奥底に根ざす恐れは、以下のような説得力のある話として浮上する。

●彼は私から離れていく。彼無しでは耐えられないのに。

●私は彼女に相応しくない。そのうち彼女はもっと良い相手を見つけてしまうだろう。
●彼は私を言いなりにしようとしている。私が自分らしく振舞うことを許してくれない。
●彼女に望むものを与えたら、自分には何もなくなってしまう。
●私の本当の姿を知ったら彼は去っていくに決まってる。

あなたが「捨てられる恐怖」をしっかり握りしめている時、何が起こるだろう？　相手に物欲しげにくっつき、独占欲の虜となってやきもちを妬くだろうか？　それともドアマットのように振舞って自尊心やセルフケア等の価値をないがしろにするか？　パートナーに拒否されるのを恐れて、要求を主張することに気後れするだろうか？　また、あなたがコントロールの物語に囚われた場合、何が起こるか？　パートナーとの結びつきが強まるか、それとも相手を遠ざけるだろうか？

■あなたも心当たりがあるのでは？

リストの中に思い当たるものがあっただろうか？　多くの人は、こうした霧の構成物のいくつかが頭の中で渦を巻いているはずだ。こうした思考の霧の中には真実もあるだろう。だがＡＣＴの基本姿勢を思い出してほしい。ＡＣＴでは真実かどうかよりも、本人にとって助けになるかどうかが重要だ。こうした思考に囚われ、自分の行動をコントロールすることを許した時、あなたの関係は豊かで意味あるものになるだろうか？

もっとも、あなたもすでに気づいているように、これらの思考が浮かんでくるのを止めることはできない。気づいていないなら私の言葉を信じないでほしい。まず自分で経験してみることだ。こうした考えが心に浮かぶのを阻止してみよう。ポジティブなこと以外考えないようにする。そしてネガティブな考えが再び現れるまで、どのくらい耐えられるか見てみよう。あるいは、思考を頭から追い払ってみよう。すぐに戻ってくることに気がついただろうか？　今度は思考に挑戦してみよう。心と言い争うことがいかに時間の無駄か分かるだろう（一時的に勝ったとしてもそれはすぐに戻ってくる。その素早さに気づいてみよう。思考は決して負けたまま引きさがらないのだ）。

これらの思考が一時的に休止することもある。あなたがいい気分でいる時、休暇の時、彼女が素晴らしい振る舞いをする時などだ。だがあなたの気分が下降したり、ストレスレベルが上がったり、パートナーの行動が気に障ったりすると、思考は直ちに行動を起こす。これらの思考のいくつかは非常に古く、二人の関係が始まった頃から存在していた。また他の関係の時にもあったはずだ（私は人の心を読めるわけではないが、これは全世界の人間に共通することなのだ。そしてあなたも恐らくその一人だろう）。あなたが思考を止められないとして、それが現れた時はどうすればよいだろう？

一つのやり方はそれに注目し、浸りきり、絶対的な事実として受け入れることだ。だが、この対応は、あなたが理想のパートナーになる、または望む関係を構築する助けになるだろうか？　あるいは、これらの思考に思い悩み、くよくよ考え、心の中で何度も反芻し、それを周りの人々に話したら、思考に集中し、しがみつき、頭まで浸かったら、あなたの行動はどうなるか？　あなたの価値は？　あなたの関係はどんな影響を受けるか？

ここで前出のＤＲＡＩＮを思い出してほしい。心に引き込まれ、その内部に囚われた時、あなたはパートナーと切り離され、感情に支配され、自分の価値を無視するようになる。これは簡単に理解できる。だが次のは少々難しいところだ。

心の霧はあなたの思考そのものではない。あなたが思考にしがみついた時、霧が現れるのだ。

このことはぜひ理解してほしい。あなたの思考が霧を作っているなら、思考を消し去る以外に霧を追い払う方法はない。だが、今まで見てきたように、思考をしばらくの間追い出すことはできても永遠に消すことはできない。遅かれ早かれそれは戻ってくる。ではどうやったら霧を消せるのか？　思考に囚われるのではなく、思考が現れ、消えていくにまかせる術を習得すればそれは可能だ。十ドル札を握り締めるように思考を摑むのではなく、まるで蝶か何かのように優しく扱うのだ。思考をあるがままに見る、それは心に浮かんだ言葉であり、それ以上でもそれ以下でもないことを学ぶのだ。あなたの家の前を通り過ぎる車のように、それを自由に行き来させる。思考にしがみつく時、それは実体となるが、解き放つとそれは消えていく。これがＡＣＴでいう「解放（解き放つ）」ということだ。

次の章では具体的な方法を学ぶ。だがその前に自分で霧を作ってみよう。

■エクササイズ：霧を作る

このエクササイズは、自分の思考にしがみつくと何が起こるかを見せてくれる。再び日記かワークシートを取り出し、思いつく限りの「霧の思考」を書き出そう。今まで出した例を参考に、以下の言葉を使って自分の考えを書いてみよう。

●パートナーは〜すべきだ。〜であるべきだ。
●〜してもムダだ。
●もしパートナーが〜でさえあれば……。
●過去の苦痛とは〜だ。
●未来についての恐ろしいシナリオは〜だ。

●（できない・やらない）理由づけは〜だ。
●パートナーは〜だ（価値判断）。
●（パートナーの行動の）理由は〜だと分かっている。
●私の根深い恐れは〜だ。

さて、あなたは「霧の思考」の長いリストを作り上げた。次のステップでは、それらを可能な限り真実だと感じながら読んでみよう。すべての注意を振り向け、反芻（はんすう）し、信じてみよう。それに浸りきってみよう。目的は可能な限り分厚い霧を作ることだ。これらの思考に完全に浸ろう。他のことを考えられないくらいに。少なくとも一分間はやってみよう。

次に、自分の感情を見てみよう。霧の中で迷った時、私たちは苦痛な感情の泥沼にはまる。あなたが感じているのは苦痛だろうか？　それとも怒り？　孤独、悲しみ、自分の正しさ、不安、落ち込み、あるいは軽蔑だろうか？　嫌悪、憎しみ、フラストレーション、イライラ、涙、激怒かもしれない。今、パートナーに対してどんな感情を抱いているだろうか？　より身近につながった感じがする？　あるいは遠く切り離された感覚？　これらの思考に浸ることは、二人の間の壁を壊すのに役立つか？　それとも壁は厚くなるだろうか？　今あなたは自分の価値に沿って、パートナーをケアし、つながるための行動がしたいと思っているか？　それとも更に嫌気がさし、逃げ出すか、批判したい気分だろうか？

■もしパートナーが乗り気なら

二人でこのエクササイズをやり、それについてオープンに話し合おう。あなたの「霧の思考」

のかなりの部分がパートナーのと似通っていることに驚くだろう。それらが新しいものか、古いものかを語り合おう。それは長いこと付きまとっている古い物語の変形だろうか？　他の関係においても現れたものか？　パートナーだけでなく、友人や家族にも感じたか？

■感覚を失う

思考にがんじがらめになるほど霧が深くなることがお分かりいただけたと思う。これを真に理解するために、日記かワークシートを鼻先にくっつくくらい近づけてみよう。あなたの部屋はどのように見えるだろうか？　何も見えないだろう。もしパートナーが目の前に立っていても相手を見ることはできない。あなたに見えるのは自分の「霧の思考」だけだ。心の霧につかまると、私たちは大切な「二人の人物」とのつながりを断たれてしまう。

一人は自分のパートナーだ。霧によって視野が曇り、もはや相手の真の姿を見ることはできない。もう一人は自分自身だ。霧によって息が詰まり、完全に道が分からなくなり、やみくもに歩き回り、自分の価値をすっかり忘れ去る。霧が濃くなるほど、自分が真になりたい人物像とのつながりが薄れる。

心の霧は、関係における主要なＤＲＡＩＮ――切断する、反応的になる、回避する、心に囚われる、価値を無視する――だ。それにつかまるとつながりが切れ、心の言いなりになり、パートナーを避け心の内側に迷い込んでしまう。価値はもちろん無視される。霧を追い払いたければ、まずその扱い方を知る必要がある。

能なし、間抜け、デブ、不細工、退屈な奴、いかさま師、自己中心的、がめつい、他者をコントロールしようとする、横暴な、断定的な、みんなの嫌われ者、ろくでもない父親、どんどん老いぼれていく……。

Q．これらの言葉で共通しているのは何か？
A．私の心が私自身を痛めつけ、こき下ろす時にささやく言葉だ。

読者の中には唖然とする人もいるだろう。「何だこれは？　著者はセルフヘルプの本を書いてるくせに、自分をこんなふうに考えてるのか？」

まあしかし、ことはそう単純ではないのだ。確かにこれらの思考はときおり私の頭に浮かぶ。特に私が失敗したり、自分の価値とはかけ離れた行動をした時に。だが大事なのは、こうした思考が湧いた時、私はそれを信じないということだ。それに囚われることも、真剣に相手にすることもほとんどない。思考が浮かんでも、ほとんどの場合私を悩ますことはない。暖簾に腕押し状態だ。私の心は暴言を吐きまくる。だがそれは、ちょうどラジオを小さい音で鳴らしている程度の影響しかない。なぜこんなことが可能なのか？　ＡＣＴの主要な手法である「脱フュージョン」のおかげである。

脱フュージョンを見ていく前に一つ質問したい。あなたの心はこうしたことをささやくだろうか？　まず間違いなくささやくと思う。私は毎年数千人の人々を相手に講習会を開いているが、その時必ず次の質問をする。「今日ここにお越しの皆さんの中に、「自分なんて大したことない」といった考えを持ったことがない人はいますか？　あなたのまずいところ、欠けていること、失敗などについて心がささやいたことがない、という人がいらっしゃったら手を挙げてください」。今日まで手が挙がったことはない。

■エクササイズ：判断する心　パート1

心があなたを痛めつけたい時、どんなセリフを言うだろう？　心が判事、陪審員、死刑執行人に変わる時、あなたの欠点を証拠として突きつける時、あなたは無能だという判決を下し、傷つくという刑罰を与える時、どんなことを告げる？　私があなたの心の声を聞けるとしたら、それは何と言っているだろうか？

ここで心が言っていることをいくつか書き留めてみよう。日記でもワークシートでも、この本に直接書き込んでもいい。思いつく限りの単語やフレーズを入れて各文章を完成させよう。

私の心が「お前は無能だ」と価値判断する時、こんな言葉を囁く。

●私の心は言っている。「お前は〜だ」

●私の心は言っている。「お前はあまりに〜だ」

●私の心は言っている。「お前は〜が充分ではない」

●私の心は言っている。「お前は～し過ぎだ」
●私の心は言っている。「お前には～が欠落している」

リストが完成したら読んでみよう。そして一番傷つくものを選び、六つ以下の単語からなるフレーズにまとめてみる。「僕は負け犬だ」「俺はあまりに自己中だ」「私はウィットのない人間だ」等。

終わったら、いくつかやって欲しいことがある。まず、それらを信じて欲しい。集中し、可能な限り信じ込むのだ。あなたは言うだろう。「何だって？ 正気かい？」「ふだん憎んでいる思考なんだよ。それを信じ込めっていうのか？」

もう一度確認したい。これには大切な目的があるのだ。確かにこれらの思考を信じ込むのは感じの良いことではないだろう。だが私は、あなたがこのエクササイズに喜んで数秒間を費やしてくれることを期待する。とても役立つことを覚えられるからだ。前にも触れたACTの重要なプロセス「脱フュージョン」の方法である。では始めよう。

「私は～だ」という形で自分についてのネガティブな判断を思い浮かべよう。そして二十秒間、可能な限りそれを信じ込み、何が起こるか見てみよう。

次に、その判断を頭の中で一字一句違えずにもう一度繰り返す。だが今回は短い一言を前後に付け加える。「私は〝私は～だ〟という考えを持っている」。どんな気がするだろう？

次は、加える一言をもう少し変えてみる。「私は自分が〝私は～だ〟という考えを持っていることに気づいている」。さあ、何か感じただろうか？

何が起こっただろう？　元のフレーズに「私は～という考えを持っている」あるいは「私は～という考えを持っていることに気づいている」を付け加える時、ほとんどの人は自己についての判断から少し距離が取れたのを感じる。もちろん思考は消え去らない。だが影響はいくらか減っているはずだ。このプロセスを脱フュージョンという。なぜか？　二枚の金属片が融合（フュージョン）しているとしよう。ここで、フュージョンという言葉が使えないとしたら何と呼べばいいだろう？　結合？　固着？　化合、融解、溶接だろうか？　これらの言葉はすべて同じものを指している。二つの金属片が分離の余地なく完全に結合している状態だ。ＡＣＴでは思考に関して「フュージョン」という言葉を使う。ＡＣＴの用語で、自分の思考に囚われ、がんじがらめにされることを指す。脱フュージョンは自分の思考から分離されること、思考から距離をとること、それに囚われることなしに、少し離れて見つめることを指す。

■脱フュージョン：思考の泥沼から抜ける

ここでＤＲＡＩＮ——切断する、反応的になる、回避する、心に囚われる、価値を無視する——に立ち戻って考えれば、フュージョンは心に囚われることである。そして脱フュージョンはそこから脱出する方法だ。脱フュージョンとは「心から少し離れること」、心がつぶやく物語に取り込まれるのではなく、それに気づくことだ。フュージョンの状態にある時、あなたは思考に囚われている。一方、脱フュージョンの状態では自分の思考を距離をとって観察し、それにどのように反応するかを決めることができる。

■エクササイズ：膠着状態を打破する方法を学ぶ
このエクササイズでは自分の思考から距離をとり、それを眺めてみる。本書を読むのを止め、二十秒ほど目を閉じてみよう。そして心があなたにささやく言葉に注意を傾ける。

もう一度やってみよう。今度はあなたの思考がどんな形をとっているかに注意する。それは画像だろうか、言葉だろうか、それとも音だろうか？

さらにもう一回やってみよう。今回は、思考がどこに存在しているかに注意を向けよう。あなたの目の前にあるのか、後ろか、頭の上か、左右どちらかの側にあるのか、頭の中か、体の中か？　それは動いているか、それとも止まっているのか？


このちょっとしたエクササイズは私たちが思考から離れ、距離を置き、それを観察する助けになる。意味ある関係を築いて人生を豊かにしたければこの手法は是非とも学ぶべきだ。なぜか？　言葉で説明するよりも次のエクササイズをやってもらう方がはるかに効率的だ。

■エクササイズ：あなたの手があなたの思考だとしたら
自分の手が自分の思考だと想像してみよう。この本を膝かテーブルに置き、両手を自由にしよう。手のひらを上に向けて両手を並べ、開いた本のページのようにする。それを目の前に置いてみよう。自分の手も、そして部屋もはっきりと見えることを確認しよう。

次は、この文章を読み終わったら、手を顔に向けてゆっくりと近づけていき、手が顔に触れ、目を覆うところまで持っていく。そして、見えていた部屋の様子がどう変化したか確認しよう。

どんなことに気づいただろうか？　部屋の一部が指の間から切れ切れに見えたが、全体は視界から遮られたと思う。これが、私たちが思考と融合した状態だ。思考にあまりにもとらわれ、全体像とのつながりを失ってしまうのだ。次に、あなたの手は、パートナーに対してあなたが持っているすべてのネガティブな思考だと想像しよう。そして、パートナーはちょうどあなたの目の前に立っていると考えてみよう。手を顔の前に持ってきた時、視界の中のパートナーはどうなったか？　そう、手を顔に近づけるほどパートナーは見えなくなり、しまいには指の隙間からわずかに覗けるだけである。


これが、ネガティブな価値判断とフュージョンした時に起こることだ。自分の作り出した「パートナーの欠点」の物語にはまり過ぎ、ありのままの相手が見えなくなってしまう。見えるのは、あなたが相手に貼り付けたラベルのみだ。負け犬、自己中、怠け者、思いやりがない、だらしない、性悪、無能、不誠実、嘘つき、感情的、気難しい、ｅｔｃ。目の前にいる相手、様々な側面を持ち、強みも弱みもある人間の全体像はもはや見えない。判断と非難のフィルターを通したパートナーが見えるだけだ。そして結局、残るのは不平と不満のみだ。

「確かにそうだけど」あなたは言うだろう。「そうした判断が事実である場合はどうなる？」。おっしゃる通りだ。だが思い出してほしい、ＡＣＴでは何もかも有効性の観点から考える。あなたの批判が事実かそうでないかは問題ではない。あなたがそれとフュージョンした場合、長期的に見てどんな結果になるかを考えるのだ。二人の関係にどんな影響があるだろうか？　あなたが関係を続け、最高の結果を望んでいるとして、批判とフュージョンしていることは満足度を上げるだろうか、下げるだろうか？

エクササイズをもう一度やってみよう。今度は手が顔を覆っている時、効果的な行動は難しいことに気づこう。車を運転している時、野菜を切っている時、あるいはパソコンに入力している時、顔の前に手があったらどうなるだろう？　同様に、パートナーに対する判断によって目が曇っている時、価値に沿った行動をすることは難しくなる。だが判断から脱フュージョンし価値に同調することができれば、大きな違いを実感するだろう。

あなたはパートナーに家事を手伝ってもらいたいと思っているとしよう。だが心は「悪いパートナー」の物語をささやき始める。「彼は怠け者の自己中よ。何で一度も家事を手伝わないの？　頼んでやってもらうことじゃない。私は彼の何なの？　奴隷？」。この物語とフュージョンした場合、何が起こるだろう？　彼に当たるか、嫌味を投げかけるかもしれない。では優しい言葉で相手に頼んでみたらどうだろう。返ってくるのは冷笑、軽蔑、怒り、敵意ばかりだ。あるいは何も言わないとする。あなたは一人で家事をするが腹の虫は収まらない。

では、この物語から脱フュージョンした場合はどうなるか。物語に囚われず、それを脇に置いて正当な主張や受容、友好といった価値につながる。すると霧が晴れ、青々と茂った谷が目の前に現れる。あなたはパートナーと自分は違う人間だという事実を受容する。態度や習慣が異なるのも当然だ。そしてあなたはパートナーが敵ではなく、友人であることを思い出す。さらに自分が望む、友人との接し方も思い出す。同時にあなたは相手の「礼節を持って接してもらう権利」を尊重しつつ要求を伝える練習ができる。あなたは怒りや辛辣さなしに、「片付けるのを少し手伝ってくれればうれしいんだけど」と言うことができる。もちろん、パートナーが手伝ってくれる保証はない。しかしこういう頼み方なら聞いてくれる可能性はずっと高くなる。それも嫌々ではなく喜んでやってくれるだろう。あなたが文句を言ったりきつい言い方をしても手伝ってくれるかもしれない。だが彼の心は怒りと苦痛に満ちているだろう。長い目で見れば関係に良くないことは言うまでもない。

■心が判断するのを止められるか?

私が知る唯一の方法は、脳外科手術によって思考する部位を取り除くことだ。だが私の言葉を鵜呑みにせず、まず自分でやってみることだ。タイマーをセットして散歩に出かけ、心が何かに対してネガティブな判断を始めるまでどのくらいかかるか計ってみよう。長い時間もたないことは間違いない。だが罪悪感を持つ必要はない。これは完全に正常で自然なことだ。進化のおかげで、現代人の心は常に作動し続ける精密な価値判断の機械になってしまったのだ。

危険で敵意に満ちた世界を生き残るために、私たちの祖先は常に重要な判断を迫られていた。遠くに見える影は敵か味方か? 茂みに潜む動物は危険か無害か? 岩だらけの急な山道は安全だろうか? 私たちの祖先の原始の心がこうした判断を苦手としていたら、次世代に遺伝子を残すまで生き延びることができなかっただろう。気が遠くなるほど長い進化の結果として、判断し続ける心ができ上がったのだ。この結果、価値判断の機械は役に立つ言葉の他に、役立たずで何の助けにもならない言葉も紡ぎだしてしまうのだ。私たちはどうすればよいだろうか?

■ありのままに言う

パートナーについての役に立たない判断や物語から脱フュージョンする方法はいくつもある。一つはそれに名前をつけるというシンプルなやり方だ。価値判断の機械が何かを吐き出したら、自分に向けて静かに言う。「おっと、また「判断」の時間だな」。あるいは「ふん、また「悪いパートナー」の物語か。もう知ってるよ」。こう言うたびに、あなたは物語から脱フュージョンしているのだ。「悪いパートナー」の物語からの脱フュージョンは自然には起こらない。だが練習すれば簡単になっていく。「悪いパートナー」の物語に名前をつけるのもよい。「怠惰な無精者」の物語、「仕事中毒」の物語など。そしてそれとつながった思考や感情に囚われたのに気づいた時、その名前をつぶやくのだ。「おや、また「仕事中毒」の物語だぞ」。

軽いノリのフレーズをつけるのもいい。「また「審判の日」か!」「また「価値判断の機械」の警戒警報か」。もっとシンプルに「「判断」が来たぞ!」。これを数週間続けてみることをお勧めする。価値判断の機械が作動したことに気づいたらそれに名前を付け、何が起こるか見てみよう。忘れないでほしい、この目的は判断を止めることではない。そんな方法は存在しない。価値判断をあるがままの姿で見ること、心が垂れ流す膨大な言葉として見ることなのだ。

次は「判断する心　パート2」のエクササイズをやって欲しい。今回は自分に対する価値判断ではなく、パートナーに対する価値判断を見ていこう。以下の文章を思いつく限り多くの言葉やフレーズを使って完成させてほしい。

■エクササイズ：判断する心　パート2

心が「悪いパートナー」の物語に私を引き込もうとする時、それはこうささやく。

●私の心は言っている。「私のパートナーは～だ」
●私の心は言っている。「私のパートナーはあまりに～だ」
●私の心は言っている。「私のパートナーは～が不十分だ」
●私の心は言っている。「私のパートナーはあまりに～をやり過ぎる」
●私の心は言っている。「私のパートナーは～をするのが足りない」
●私の心は言っている。「私のパートナーには～が欠けている」

次に、リストの中からもっとも気に障るものを選び、次の単純なフレーズに言い換えてみよう。

「私のパートナーは～である」または「私のパートナーは～ではない」。

次に、この思考を二十秒間徹底的に信じ込んでみる。起こった変化を観察しよう。

今度はそれを頭の中で再現しよう。一言一句同じだが、少し言葉を付け加える。

「私は「私のパートナーは～である」という考えを持っている」

何が起こっただろうか？

もう一度やってみよう。今度は付け加える言葉が少し変わる。

「私は、「私のパートナーは～である」という考えを持っていることに気づいている」

何が起こるか見てみよう。


どうだろう？　多少なりとも脱フュージョンできたのではないかと思う。うまくいかなかった場合はリストの中の他の判断を選んで試してみよう。

■エクササイズ：あなたの価値判断を持ち歩く

別の脱フュージョンの方法を紹介しよう。紙を一枚用意してほしい。綴じていない一枚の紙がよい。日記かノートを使っているならそこから一ページ破ってもよい。紙のおもてにパートナーに対する最も辛辣な判断を四つか五つ書く。（「判断する心　パート2」の答えを書き写すのもよい。ただし「〜という考えを持っている」の部分は削除する）。

終わったら、紙を裏返しにして大きくはっきりした字で書く。「おやおや、「悪いパートナー」の物語がまた現れたぞ！」（もちろんもっとよい物語の名前を思いつくならそれを使ってほしい）。

ここで再び紙を裏返し、すべての価値判断と物語を読んでみる。次に、紙の裏面の大きな字で書かれた文を読む。何が起こるか注意してみよう。

試してみただろうか？　まだならどうかやってほしい。多くの人がこの方法が脱フュージョンに非常に役立つと言っている。私はこれを試したクライアントにはこう頼むことにしている。「来週ずっと、この紙を財布かハンドバッグに入れて持ち歩き、一日四、五回取り出してエクササイズをして欲しい。まずすべての判断を読み、次に裏の文章を読んでほしい」。あなたもぜひやってほしい。この本で紹介するテクニックは保証付きというわけではないが、一週間後ほとんどのクライアントが「悪いパートナー」の物語から簡単に脱フュージョンし、以降はあまり囚われなくなったと報告している。

■パートナーが乗り気なら

この章の最後にこのエクササイズの別バージョン、カップル向けに作られたものを紹介したい。パートナーが喜んで協力してくれるなら二人でやってみてほしい。そうでないなら一人で、できるだけリアルに想像してみてほしい。以下は私がカウンセリングの時に行うやり方だ。

二人それぞれが前のエクササイズでしたように、紙の裏表を埋める。次に、二人向かい合って立ち、顔の前に紙を掲げる。つまり、見えるのはネガティブな判断のリストだけになる。そこで二人にしばらくの間会話を交わしてもらう。次に私が質問する。「これをするのはどんな気分？お互いにつながっている感じがする？　お互いの表情を読み取れる？　相手に集中している？相手を近くに、親密に感じられる？」。次に、紙を脇に挟み、しばらく会話する。「どんな感じがする？」「より深くつながった感じがするかい？」。私が聞くと、答えはいつもイエスだ。

最後に私は指摘する。「君はこれらの判断を消し去ったわけじゃない。それはまだ君の中にある。だが君の反応は今までとは違っているはずだ」。これが脱フュージョンの一番重要な点だ。それは決して望まない思考を追い払う方法ではない。それらに対して別の反応をすることなのだ。

■練習、練習、練習

車の本を読んでも運転は覚えられない。車に乗って練習しなければならない。この本に出てくる心理的なテクニックも同じだ。もしあなたが関係を大切にしたいなら、以下のエクササイズも進んでやってほしい。

●説明した通りに「あなたの価値判断を持ち歩く」のエクササイズをしてほしい。折り畳んだ紙を財布かハンドバッグに入れておき、一日少なくとも四回は取り出して価値判断のリストを読んでみる。次に、紙の裏側の大きな字の文章も読む。

●心が価値判断しているのに気づいたら、それにラベルづけをしてみよう。「また判断してるな」あるいは「おっと、また「悪いパートナー」の物語が出たよ」。もっとシンプルに「価値判断してるな」でもいい。

●役に立たない物語や価値判断に囚われていることに気づいた時、次のフレーズを使って脱フュージョンしてみよう。「私は心が〜という判断をしていることに気づいている」、あるいは「心は私に〜という物語をささやいている」、さらに簡単に「私は〜という考えを持っている」等。

紹介したフレーズをいろいろ試してみよう。それらを自分の言葉に変えてみよう。そして何が起こるか観察しよう。心の霧が消えていくかどうか見てみよう。消えない場合でも心配ない。方法は他にもたくさんあるのだ。

第10章　物語にしがみつく

本や記事などに夢中になって時間の感覚を忘れるほど没頭したことはないだろうか？　あまりにも没入したために部屋や周りの人々に注意が向かなかったことは？　心というのは素晴らしきストーリーテラーであり、常に私たちの注意を惹こうとしている。心は一日中、次々に物語をささやきかけてくる。

これらの物語は一般に「思考」と呼ばれる。そのいくつかは疑いの余地なく真実だ。私たちはそれを「事実」と呼ぶ。だが心のささやきの大部分は事実ではなく、意見、判断、信条、態度、着想、仮定、価値、目的、予期、願望、空想、欲望などだ。そしてこれらに浸りきると自分の立ち位置やしていることを簡単に忘れてしまう。友人や親戚、パートナーと会話していて、彼らの言ったことをまったく聞いていなかったのに気づいたことはないだろうか？　車を運転して目的地に到着した時、通ってきた道のりの記憶がなかったことは？　何かを探して部屋に行ったが、何を取りに来たのか思い出せなかったことは？　パーティーかディナーなどの集まりで、何かの思考に囚われ、心ここにあらずの状態になったことは？

これらは日常で心に囚われたほんのいくつかの例である。だが心の物語に囚われるのは問題の一面に過ぎない。もう一つの側面は物語にしがみついてしまうことだ。その一つの例が「心配すること」だ。あなたの心がパートナーがしそうな悪いことや、二人の関係が悪化する恐ろしげな物語をささやく。一番多いのはパートナーが離れていく物語だ。パートナーにつかまって逃げられないというのもある。心配とは、あなたがこれらの物語を握りしめ、何度も再生するということだ。過去を思い悩む——別の言い方では過去を反芻する——のもこれに似ている。心の傷や苦痛の記憶を頭の中で何度も再生し、パートナーの言ったこと、したことにかっとなる。過去は変えられないし、思い悩んでも得るものは無いのに、あなたは物語を手放さないのだ。

心配や過去の反芻以外にも、あらゆる価値判断、批判、正しい・間違いのルール、期待、失望、フラストレーション、捨てられること、傷つくこと、コントロールされることへの恐怖など、いろいろある。憶えておくべきなのは、これらの思考、信条、記憶が霧を作り出している訳ではないことだ。あなたがそれを握りしめた時、霧は現れる。手を離すと霧は消える。そしてあなたを目の前に広がる谷への探検へと解き放つのだ。

■思考に対して柔軟に対応する

手を握りしめてこぶしを作り、それをよく見てみよう。その形、輪郭、白くなった関節を観察しよう。こぶしを作ることで何が得られるか？　攻撃性が高まるだけだ。相手を脅したり、一発お見舞いするには有効だが、それだけだ。こぶしは愛する人の顔を撫でたり、赤ん坊の小さな手を握ったり、パートナーの体を優しくなぞったりするには向いていない。

ではこぶしの緊張をゆっくり解き、手のひらを開き、指を伸ばしてリラックスさせてみよう。この状態なら、字を書いたり、絵を描いたり、タイプしたり、野菜を切ったり、車を運転したり、犬を撫でたり、歯を磨いたり、パートナーの顔を愛撫したり、赤ん坊をあやしたり、痛むこめかみをマッサージしたりできる。

思考を握りしめてしまうと柔軟性は失われる。握りしめたこぶしのように行動が制限されてしまう。その思考がパートナーへの批判であった場合、相手を傷つける言葉や発言が出やすくなる。だが思考を握りしめた手を緩めれば柔軟な対応ができ、問題に対してより効果的な行動ができる。

■根深い思考に対するテクニック

柔軟に行動するにはいくらかエクササイズが必要だ。いくつかテクニックを紹介しよう。

■エクササイズ：ひとつかみの思考

このエクササイズを最大限に活かすために、時間をかけて一つ一つのステップを行おう。始める前に説明に目を通しておこう。

1．パートナーについての役に立たない物語を思い浮かべよう（「役に立たない」のと、事実かどうかは無関係だ。有効性があるかないかが重要だ。役に立たない、あるいは有効性がない物語とは、それに囚われた時、関係が損なわれるものを指す）。
2．その物語を一つか二つの文章にまとめよう。
3．二十秒間、それにすっかり囚われ、信じ込んで一体化してみよう。
4．手のひらを目の前に置いてみよう。頭の中から物語を取り出し、手の上に置くのを想像してみよう。
5．ゆっくり、可能な限り強く手を握りしめてみよう。それが人生を左右するものであるかのように物語を握りしめよう。しばらくそうしていよう。
6．ゆっくりとこぶしを解こう。手を開き、その上で物語を休ませよう。振り払ったり拭ったりしてはいけない。そこにあるがままにしておこう。

さて、何が起こっただろう？　物語は以前と同様のインパクトを保っているだろうか？　それとも前ほどの粘着力はなくなっただろうか？（粘着は双方向の行為なのだ。あなたが物語を握りしめれば、物語もあなたを握りしめる！）。あなたはいくらかの脱フュージョンを経験したと思う。思考から距離をとり、少しばかり束縛が解けたはずだ。物語に囚われた時、このテクニックを試すことをお勧めする。あまり効果が感じられない場合は以下の方法もある。

■エクササイズ：物語に名前をつける

前の章で「悪いパートナー」のテクニックについて紹介した。これをさらに推し進めることもできる。関係にとって役に立たない思考、感情、記憶をすべて一冊の本か映画にするとしたら、あなたはどんなタイトルをつけるだろうか？　想像力をフルに働かせてもよいし、事実に即した名前をつけてもよい。「ブラックホール」「大失敗」「ひどい結婚」「怠惰な無精者」の物語、など。これから何週間か、この物語に関連する感情、思考、記憶などを察知したらすかさず言ってみる。「ああ、また「人生は最低」の物語か」

もちろん、察知する前に物語に取り込まれてしまう時もある。だが心配は無用だ。それに気づいた時点でつぶやこう。「おっと、また「小言の物語」か」。このエクササイズに遊びとユーモアのセンスを持ち込もう。あまりシリアスにならず、軽いノリでやってみよう。やがてあなたは物語を軽く受け止め、たやすく手放せるようになるだろう。

■エクササイズ：物語を歌ってみる

1. パートナーに対する辛辣な判断や批判を一つ選び、数個の言葉で短い文章にする。「あいつは自分勝手な豚！」のように。
2. それをハッピーバースデイのメロディーで歌ってみる。
3. 自分が選んだ別のメロディーで歌ってみる。

どうだろう？　ほとんどの人は、思考をあるがままに見た時、それが急速に力を失うことに気づく。それは単語の羅列でしかない。ちょうど歌の歌詞のような。これらの言葉は事実かもしれないし間違いかもしれない。ありのままかもしれないし誇張があるかもしれない。厳しすぎるかあるいは妥当かもしれない。楽観的もしくは悲観的かもしれない。だが問題はそこではない。それらは単なる言葉だ。一度思考の真の姿を見てしまえば――それは単なる単語の羅列だ（時に映像を伴うが）――手放すのはずっと簡単になる。

■エクササイズ：心のラジオ

心がラジオだと考えてみよう。自分の思考はスポーツのコメンテーターかニュースのアナウンサーの声だと思って聞いてみよう。声がどこから聞こえてくるか注意してみよう。頭の中心からか、どちらか一方の側からか？ 言葉のリズムやスピードにも注意しよう。音量や音の高さは？声からどんな感情が読み取れるだろうか？ 声が止まったりゆっくりになった時の、休止の長さや言葉の間隔にも注意を払おう。

最初はこのエクササイズを五分間続けよう。時には放送の中身に気をとられ、エクササイズの目的を忘れてしまうこともあるだろう。それはまったく正常なことだ。それに気づいたら一歩下がって心がラジオであることを思い出そう。話の内容ではなく、声の速度、ボリューム、感情、話し方に注意を払おう。

■エクササイズ：川を流れていく葉っぱ

これは昔からあるACTのテクニックで、思考が生まれ、去っていくに任せるための練習である。エクササイズには五分必要だ。まず説明を二回読んでから始めよう。

1．楽な姿勢をとる。
2．目を閉じるか一点を見つめる。そして数回、ゆっくり深呼吸する。
3．優雅な川の流れの傍らに座っているのを想像する。川面に木の葉がたくさん浮かんでいる。
4．五分間、頭に浮かぶ思考をすべて拾い上げ、葉の上にそっと置く。それらは川を流れていく。

視覚化が困難であれば、動く黒い流れのひとすじか広々とした黒い面を想像し、その上に思考を載せよう。心が「こんなこと馬鹿馬鹿しい」と言ったら、それも葉っぱの上に載せ、流れにまかせよう。心が「これは退屈だ」と言ったらそれも葉っぱの上に置いて流れに載せる。心が言葉のかわりに映像を呼び起こしたら、それも葉っぱに載せよう。

あなたは時折思考に囚われ、エクササイズのことを忘れてしまう。これは一〇〇%正常なことで、繰り返し起こると覚悟すべきだ。心はいとも簡単にあなたを物語に引き込むということを分からせてくれるだろう。エクササイズ中に気が散ったら、もう一度最初から始めればいい。

思考が止まったら、川の流れか、黒い流れを見つめればよい。心はすぐにおしゃべりを始める。同じ思考が何度も現れても問題ない。そのたびに葉っぱの上に載せればよい。

もう一度説明を読んでみよう。そして本を置き、最低五分間エクササイズをする。

どうだろうか？　常に練習していれば脱フュージョンはすぐにうまくなる。一日一回か二回、五分から十分行うのが理想だが、週二回するだけでも進歩はある。特に、パートナーと言い争いをした時、パートナーの行動にイライラして腹を立てた時などはうってつけだ。ストレスや不安を感じる時、さまざまな思いが頭の中を駆けめぐる時でもよい。（思考が頭の中の声として圧倒的に響きわたり流れの上の葉っぱのエクササイズが難しい時は、ラジオの声のエクササイズがよいかもしれない）。

■「LOVE」と解き放つこと

第4章で紹介したLOVEのエクササイズを覚えているだろうか？　LOVE――思考を解き放つ、心を開く、価値づけする（価値に基づいた行動をする）、現在に集中する――はそれぞれ相互に関係している。たとえば怒り、判断、批判を手放すと、心を開き、価値に基づいて行動し、現在に集中するのはずっと簡単になる。解放は成長に不可欠のスキルだ。役に立たない物語に支配されているうちは重要な問題を話し合ったり、交渉したり、互いの違いを認めたりすることは不可能だ。また、過去をしっかり握りしめているうちは前進することはできない。物語を軽く捉え過去の苦痛の記憶から解放されるほど、あなたの心理的な柔軟性は増す。カギは解き放つことだ。そして拳を握り緩めるエクササイズは、その重要性を思い出させてくれる。

さて、あなたは言うかもしれない。「思考をコントロールするには大変結構な方法だと思うけど、私の感情はどうなるの？」。そう、感情は大切だ。パートナーがあなたを侮辱したり、記念日を忘れたり、みんなの前で恥をかかせたり、ひどく傷つく言葉を言ったり、一晩中遊び歩いて朝方酔っぱらって帰ってきたり、そこら中に服を脱ぎっぱなしにしたり、早く帰宅すると約束したのに遅くなったり、あなたを完全に無視したり、相談なしに大事なことを決めたり、あなたを激怒させる行為を山ほどした時にすべきことは……「命のキス」だ。

第11章　命のキス

マウス・ツー・マウス（人工呼吸法）というのは何とも味気ない名前だ。昔は「命のキス」と呼ばれていた。自分の唇を誰かの口にあてがい、生命力を失った肺に空気を送り込む。古い言い方の方がずっと詩的だということはあなたも同意してくれるだろう。素晴らしいのは、誰でも自分に命のキスができることだ。生命力が失われていく時、苦痛な思考や感情に息が詰まる時、あなたがすべきことはマインドフルに呼吸することだ。口を開け、肺の奥の方まで息を吸い込む。夏の暑い日に冷たい飲み物を飲むように、息が流れ込んでくることに感謝しよう。

マインドフルネスとは人生を最大限に活かすことだ。人生の一瞬一瞬を最大限に享受し、その中に豊かさを見いだすことだ。これには特別な態度、好奇心と開かれた心が必要だ。マインドフルな呼吸とは自分の呼吸に気づき、それに注意を向け、純粋な興味を持つことだ。マインドフルな呼吸をする時、肩、胸、腹、鼻が絶妙のハーモニーで協力し合い、肺に空気を送り、吐き出していることに気づくはずだ。呼吸を当たり前のことと思わず、生命を与えてくれるプロセスとして感謝しよう。

■エクササイズ：マインドフルに呼吸する

生命力を取り込む呼吸は本を読んで経験できるようなものではない。実際の練習が必要だ。以下の説明を二回読んでからやってみよう。このエクササイズの目的はマインドフルで深い呼吸をゆっくりと十回することだ。肺を完全に空にするよう心がけ、最後の一呼吸まで絞り出そう。これは非常に重要だ。まず肺の中の空気を空にしないと深い呼吸はできないからだ。では始めよう。

●肺に流れ込み、出ていく空気を観察しよう。呼吸を初めて見る科学者のように。呼吸のあらゆる面を注意深く見よう。鼻腔から空気が流れ込み、肩や肋骨が上下に動く。

●エクササイズ中、心はあなたの注意をそらすような物語をささやく。これらの思考は来て去っていくにまかせよう。あたかも自分の家の前を通り過ぎる車のように、背景で流れるラジオのように、好きにしゃべらせておこう。

●思考に囚われて呼吸への集中を失うのはよくあることだ。繰り返し起こると覚悟しておこう。初めてこのエクササイズをする場合、気をそらさずに十秒間もったらうまくいったと思ってよい。集中が途切れたことに気づいたら、一瞬の間それを認め、呼吸に注意を戻そう。

●ロックコンサートのリードボーカルに注目するように呼吸を観察しよう。ボーカリストはあなたの注目の中心にいる。だがステージにいる他のミュージシャンを無視する必要はないだろう。同じように、呼吸に集中する時、自分の思考や感覚を無視したり消し去る必要はない。それらを追い払って心を空白にする必要はないのだ。あなたはそれらに気づいている。しかし注意はしっかりと呼吸に向いている。

●ではやってみよう。ゆっくりと十回、深くマインドフルな呼吸をしてみる。

うまくいっただろうか？　簡単にやってのける人もいるが、非常に難しいという人もいる。多くの人は非常に穏やかな気分だったと言うが、最初はイライラしたという人も少数いる。結果がどうあれ、楽しく練習してほしい。もし続ければあなたは人生で最も役に立つツールを手に入れたことに気づくだろう。それはちょうど、感情の嵐の中で錨を下ろすようなものだ。嵐を追い払うことはできないが、それが過ぎ去るまであなたをしっかりつなぎとめてくれる。

■マインドフルな呼吸を錨にする

先ほどの話をもう少し説明しよう。マインドフルな呼吸はリラックスするためのテクニックではない、という点は重要だ。もちろんその目的で使用してもよいし、ストレスのない環境では非常にリラックスできるだろう。だがストレスの多い状況ではまったく役に立たない。というか、そういう時には役に立つものなどないのだ。

過去数百万年の間、困難や恐怖に遭遇すると人間の体は「闘争・逃走反応」を示すように進化してきた。闘争・逃走反応とは、あなたの体が活性化し、その場から逃げるか留まって戦うかする反応だ。心臓は早鐘を打ち、筋肉は緊張し、アドレナリンが分泌され、恐怖や怒りの感情で満たされる。危険な状況に遭遇した時のこの反応を収める方法を人類はまだ知らない。進化はこういう形であなたに影響しているのだ。巨大で獰猛な獣がカミソリのような歯を持った大きな口を開けて突進してきたら、あなたの脳は可能な限りの速さで逃げるか、踏みとどまって撃退することを要求する。脳はあなたが横になってリラックスすることは望まない。困難な状況、あるいは恐ろしい状況ではリラックステクニックは通用しない。

だが一度そうした環境から逃れれば話はまったく別だ。あなたがリラックステクニックを学んだことがあるなら自分の経験からも分かるだろう。昼休みに公園でくつろいでいる時や寝室でCDを聞いている時、ヨガのレッスンの後に床に寝そべっている時、あるいはセラピストのオフィスでソファに腰掛けている時、このテクニックは素晴らしい効果を発揮する。だが真に難しい状況にある時、たとえばスピーチをする時や試験・面接を受ける時、苦痛な問題についてパートナーと話し合いをする時などにはあなたをリラックスさせてはくれない。

マインドフルな呼吸法は何よりもまず心の錨なのだ。錨は嵐が収まるまであなたをしっかりとつなぎ止めるが、波を抑える魔力はない。これはリラックステクニックではなく、地に足をつけ心を落ち着けようとする時に高い効果を発揮する(前に言ったように、これをリラックスのために使ってもよい。だが、今のところ一番効果があるのは後者に用いた時だ)。

マインドフルな呼吸法を滑り台のようなものと考えることもできる。それはあなたを心の働きから体へと移行させてくれる。自分が体にある時は腕や足などをコントロールし、効果的な行動ができる。マインドフルな呼吸法は二つの目的に利用できる。あなたを心の働きから解放もすれば、精神的苦痛を感じている時に意識をつなぎ止めもする。

不安な時、腹が立つ時、憤慨する時、恐れ、罪悪感、妬み、激怒、あるいは単に傷ついている時のマインドフルな呼吸法の効果は驚くべきものがある。

マインドフルな呼吸法が有効な理由は三つある。まず、深い呼吸は興奮した神経系統を静めてくれる。感情をコントロールする魔法ではないが、高ぶりを収め、あなたを現在に引き戻してくれる。

次に、あなたが呼吸しているという事実はとても重要な真実、あなたが生きていることを教えてくれる。これは大変良いことだ。生きていれば何か意味あることや目的を追求できるからだ。

三つ目は、マインドフルな呼吸が行動に一貫性をもたらしてくれることだ。思考がメリーゴーラウンドのように目まぐるしく廻っている時、マインドフルな呼吸はあなたがそこから降りて一息つくことを可能にする。

マインドフルな呼吸を是非毎日の日課にして欲しい。ストレスを感じたり、気が動転したり、怒ったり不安になったり孤独を感じた時、ゆっくり深くマインドフルな呼吸をし、心を落ち着けよう。十回という回数にこだわる必要はない。三回でも五回でも七回でもよい。たった一回の深くゆっくりしたマインドフルな呼吸さえ助けになる。たった五、六秒の時間でも、あなたは心の束縛を逃れ、自分を現在につなぎ止めることができるのだ。このテクニックを、信号を待っている間やスーパーのレジに並んでいる時、テレビのコマーシャルの間に練習してみよう。これが日常の習慣になるほど、自然にできるようになっていく。パートナーと対立し、強い感情が沸き起こった時、錨を下ろして効果的な行動ができる。

もう一つ、もしこのエクササイズを楽しめるなら、このシンプルなテクニックを強力なマインドフルネスのトレーニングにすることもできる。必須ではないが、やってみたいなら以下のガイドラインを参考にして欲しい。

■エクササイズ：一人でやるマインドフルネストレーニング

このエクササイズを日常的にやれば、少なくとも三つの恩恵が得られる。

1．現在に留まってそれに集中する方法を教えてくれる。あなたが皆と同じ人間であれば、呼吸に注意を向け続けることの難しさが理解できるだろう。普通、十秒以内にあなたは心に囚われてしまう。このエクササイズは現在に留まる能力を高め、心が「さまよい出た」時にすぐに引き戻し、再び集中させる。これがどんなに役立つか考えてみてほしい。霧の中で迷ったりパートナーと断絶することなく、現在に意識を置き、接続した状態でいられるのだ。

2．役に立たない思考を解放する方法を教えてくれる。パートナーに対する役に立たない信条、判断、批判をすべて手放すことができたらどうなるか想像してほしい。思考が、役に立たない商品のコマーシャル程度の影響力しかなければ、それに囚われ翻弄されることなく、やってきて去るに任せることができれば、生きるのがどんなに楽になるだろう。そしてあなたの関係はどんなに進歩するだろう。

3．強い感情に押し流されることなく地に足をつけ冷静でいられる。また、自分の中に穏やかな場所を見つけられるようになる。あなたの感情が体の中で暴れている時でさえ。

そのテクニックとはどんなものか？　マインドフルな呼吸を十回する代わりに、静かな場所を見つけ、ゆったりと腰掛け、五分から十分、十五分の間マインドフルな呼吸の練習をする。長さはあなたに任せる。長く練習するほどあなたのマインドフルネスのスキルは研ぎ澄まされていく。多くの人は一日五分から十分のエクササイズから始める。その後数週間かけて、十分から十五分を一日二回に増やしていく。だが、ほんのちょっとの練習でも効果はある。週に三分だとしてもやらないよりずっと良い。

■これには更なる奥がある

あなたはこう思っているだろう。感情のコントロールにはもっと効果的なやり方があるはずだと。

その通りだ。気持ちと感情は非常に複雑なもので、効果的な対応もたくさんある。だがマインドフルな呼吸法はそれらの中でもとても効果的なツールだ。嵐が来たら錨を降ろそう。港に錨をしっかり下ろしてしまえば安全に甲板に出ることができ、事態を観察できる。この状態になると、感情と戦わずに次のことができる。

第12章　思考に名前をつけて手なずけよう

偉大なる哲学者、ジャン・ポール・サルトルは有名なセリフを残した。「地獄とは他人のことだ」。これは半分正しい。「天国とは他人のことだ」、とも言える。最も深い関係性は、最も恐ろしい感情と、最も素晴らしい感情を呼び覚ます。そして残念ながら、「悪い」感情なしに「良い」感情を持つことはできない。

わざわざ「良い」「悪い」とカッコでくくったのには訳がある。信じられないかもしれないが、良い感情も悪い感情も実は存在しない。感情を良い・悪いで表現するのは価値判断の機械の働きであり、それは自分の心との葛藤を生み出す。ある仕事を「悪い」と判断したとする。その仕事とあなたの関係はどうなるだろう？　あるいは、ある人物を「悪い」と判断した場合、その人物とあなたの関係に何が起こるか？　ある感情を悪いものとした時、その感情とあなたの関係にはどんな変化が起こるだろうか？　自分の感情を「悪い」と決めつけるのはその感情と戦うことなのだ。そしてそれに抗うほど感情は強まる。自分がストレスを感じていることがストレスになり、怒りに対して腹を立て、不安に対して不安を感じてしまうのだ。極端な話、自分の怒りに不安を感じ、その不安に罪悪感を持つことさえ起こる。

人生を最大限に生きることは感情をまんべんなく感じることなのだ。感情を「心地よい」と「苦痛な」で語ることは「良い」「悪い」で判断するよりもずっと有益だ。では、読み進める前にちょっと時間をとって、あなたの関係が抱える問題の主なものについて考えてみよう。その問題について真剣に考えて欲しい――心の霧と完全に融合して――そして数分後、これらの問題とつながった苦痛の感情に名前をつけられるかどうかやってみよう。

■私たちの感情――それといかに付き合うか

心の霧と融合した時、いくつの苦痛な感情を体験しただろうか？　判断や批判の思考に流されると、私たちは軽蔑、怒り、フラストレーションに満ちた、暗くじめじめした穴に落ち込んでしまう。また将来を悲観する思考に囚われると、悲しみや自暴自棄、フラストレーション、失望、孤独、絶望に落ち込む。恐ろしげな思考の世界に迷い込むと、不安や恐れ、情緒不安定、脆弱さ、心配などに突き当たってしまう。苦痛の記憶に囚われると、悲しみ、怒り、痛み、不信、憤慨、復讐心、ジェラシー、罪悪感、恥の感覚などに足をすくわれる。「あまりに難しい」という物語に囚われると、無力感、自暴自棄、無意味さ、無気力などにはまってしまう。

こうした感情はごく普通のものだ。これらは関係がうまくいかなくなった時に現れる、まったく正常で健康的な感情だ。そして、自分が欲するものと実際に得たもののギャップが大きいほど苦痛は大きくなる。

関係が改善し緊張と対立が少なくなると、こうした苦痛の感覚はあまり現れなくなる。だがどんなに関係が良くなろうと、緊張と対立をもたらす源が消えてなくなることは絶対にない。遅かれ早かれ苦痛の感覚は戻ってくる。特に、第8章で触れた心の奥底に潜む恐れ、パートナーが去ってしまう、パートナーにコントロールされる、あるいは「窒息」させられる、といった恐れがある場合はそうなりやすい。

これらの苦痛が現れた時、それに飲み込まれることはあなたにとってプラスになるだろうか？　それを分析したり、思い悩んだり、抵抗して何かの役に立つだろうか？　こうした感情に翻弄され、できることとできないことを決めさせるのは得策だろうか？

自分の感情をコントロールできるようになればなるほど、パートナーの感情もコントロールできるようになる。マインドフルネスはこの面で大きな助けになる。まず最初に、苦痛の感情が現れた時、私たちは通常二つの状態、回避モードか自動運転モードのどちらかに入るということを知っておこう。この二つを観察してみよう。

■回避モード

回避モードとは、望ましくない感情を避けるため、あるいは排除するためにできることをすべてすることだ。よく見られる例としては、気をそらす、手を引く、思考戦略、そして嗜好品・ドラッグの使用だ。それぞれをざっと見てみよう。

●気をそらす……テレビや本、コンピュータゲーム、Eメール、ネットサーフィン、人づきあい、ギャンブル、エクササイズ、仕事に打ち込む、等々。

●手を引く……不愉快な感情が起こると手を引いてしまう。実際にパートナーから逃げ出す、何とか彼女を避けようとする。彼と重要な問題を話し合うのを避ける。また、肉体的あるいは感情的な親密さが不安や情緒不安定、脆弱さをもたらす場合、親密になるのを避けるかもしれない。

●思考戦略……さまざまな思考戦略で自分の感情を解決しようとする。なぜ自分にこの感情があるのか理由を探し、過去を反芻し、自分を責め、パートナーを責め、「自分はこんな気分になる理由はない」と自分に言い続ける。パートナーを分析する。くよくよ考える。無理にポジティブ思考を繰り返したり、パートナーと別れることを夢見る。

●嗜好品・ドラッグの使用……タバコ、アルコール、アイスクリーム、チョコレート、ピザ、チップス、処方薬、ドラッグ、その他の物質などを体に入れることで嫌な気分を追いやろうとする。

これらの方法は苦痛の感覚を短期的に軽減するが、長期的には効果がない。そしてあなたも気づいているように、感情が強まるほど効き目は少なくなる。ひどい不安や怒り、罪悪感などがある場合、チョコレートを食べたりビールを飲んだりテレビを見ても気分は良くならない。回避モードは柔軟・適切な使い方をしている限り問題はない。だがそれにはまって過度に使用すると、健康や活力、幸福が損なわれる。

例えば気をそらすことばかりしていると、充実感のない無意味な行為に膨大な時間を費やす結果になる。(事実に目を向けよう。くだらないテレビ番組を見ることに今まで何時間費やしただろう？テレビを見るといった無害な行為でも、パートナーに費やす時間とエネルギーがなくなるほどのめり込めば、二人の関係を破壊してしまう)。

また、いつも避けることを繰り返していると、パートナーとの関係は遮断され、孤立し、疎遠になっていく。こうなると親密さや開かれた心は消えていく。これを思考戦略と一緒にやり過ぎると、心に囚われて膨大な時間を無駄にしかねない。また、あなたが嗜好品やドラッグを使用するほど、体重超過や病気、何らかの中毒など様々な形で健康が損なわれる。

感情をコントロールするために回避モードに頼るほど、生活の質が悪くなる。感情を回避するのが悪いというわけではない。誰もが時々行うことだ。だが、やり過ぎたり不適切に使うと問題が起こる。

つまり、すべては有効性の問題ということだ。回避モードがあなたにもあなたの関係にも害がない場合、何の問題もない。しかし関係性から活力を奪ったり、重要な変化を起こすのを躊躇させるなら、それは「有効ではない」ことになり、何らかの対応をする必要があるのだ。

自動運転モード

これは文字通り自動運転の状態だ。強い感情が沸き起こると、まるで意志のないロボットのようにそれに小突き回される。この状態ではあなたは「感情の言いなり」になってしまう。

自分の行動に自覚的でないまま思慮なく衝動的に動いてしまう。怒りが沸いた時、それにされるがままの操り人形になる。叫び、食ってかかり、相手を傷つける言葉を投げつける。あるいはドアを荒々しく閉めて部屋を出ていく。嫉妬すると理由もなく自制心を失い、パートナーのことをスパイしたり、根拠なく非難する。恐れの感情が起こるとそれに完全に支配されてしまう。身を隠したり、リスクを避けたり、問題から逃げ出す。

この状態で生きると、後で後悔する行動ばかりしてしまう。自己認識がほとんどなくなり、不注意で思慮のない行いをしやすくなる。その結果、自分の基本的価値と相いれない行動ばかりになる。

ではどうすればいいか？

回避モードと自動運転モードにとって代わるのはアクセプタンス（受容）と気づきだ。アクセプタンスのモードでは感情を追い払おうとせず、心を開き、それを受け入れる。感情のために居場所を作ってやり、私たちの邪魔をさせずに、それが自分の意志で現れ、去るのを許すのだ。第4章で紹介した頭文字語、ＬＯＶＥ――思考を解き放つ、心を開く、価値づけする、現在に集中する――を覚えているだろうか？　アクセプタンスはＬＯＶＥのＯ、「心を開く」の部分である。感情に心を開くというのは、それを好きになる、あるいは承認するということではない。ただ心の中に存在することを許してやる、それの居場所を作ってやるだけだ。それと戦ったり、抑えつけたり、それから逃げようとして時間とエネルギーを無駄にする必要はないのだ。

気づきのモードについては読んで字のごとしだ。あなたはもはや無自覚ではなく、ロボットのような自動反応はしない。自分の感情と行動に意識的になっている。ＬＯＶＥで言えばＥの「現在に集中」している状態であり、今ここで起こっていることに完全に意識が向いている。意識があなたの周りの世界と自分の体の両方に完全に集中している時、自分の手足を完全にコントロールでき、自分が本当にしたい行動ができる。気づきモードでは感情がどんなに強かろうとそれはあなたをコントロールできない。あなたはもう操り人形ではない。どんなに難しい状況でも、あなたは自分の行動を自分で選択できるのだ。

マインドフルネスとは気づきとアクセプタンス（受容）に満ちた心の状態のことだ。この状態では自分の感情を自覚し、それに心を開くことができる。感情があなたに与えるインパクト、影響はずっと少なくなる。あなたは価値に基づいて行動し、自分のしていることに集中できるのだ。

■ＮＡＭＥを実践する

自分の感情を効果的にコントロールしたければ、ＮＡＭＥを実践するとよい。ＮＡＭＥとは次のような作業だ。

Ｎ……Notice　感情に気づく

A……Acknowledge　感情を承認する
M……Make space　感情に居場所を作ってやる
E……Expand awareness　気づきを広げる

感情を扱うためのこれらのステップを一つ一つ見ていこう。

■ステップ1　N：感情に気づく

強い感情が起こった時の最初の対処は、まずそれに気づくことだ。これはいつでも簡単にできるわけではない。感情が強いほど難しくなる。これには二つの理由がある。

一つは、習慣的な反応が大人になるまでに完全に定着してしまうからだ。あなたは自動運転モードで生活することのエキスパートになり、まず反応してから自分の感情に気づくのが普通になってしまう。この習慣を忘れるにはかなりの練習が必要になる。

もう一つは、強い感情が起こった時、心が激高してしまうことだ。心の霧が渦を巻き、更に分厚く暗くまとわりつき、あなたは完全に道に迷ってしまう。そして感情と融合するほど、気づきの能力は低下する。感情とうまくやっていくにはまず霧を追い払わなければならない。ここで役に立つのがマインドフルな呼吸だ。

●まず息を吐いて肺の中の空気を完全に出し切ってしまう。次に肺が一杯になるまで空気を吸い込む。
●この呼吸をしながら空気が入り、出ていくのに意識を向ける。呼吸を救命具のようなものだと考えるのもよい。それは心に囚われたあなたを体へと脱出させるのだ。

●自分に対して何かをささやくのも良いかもしれない。「解き放つ」「ちょっと落ち着け」「物語から離れよう」、あるいはもっとユーモラスに、「さようなら、霧よ」または「またね、心」でもいい（これは必須ではないが、多くの人は脱フュージョンの助けになったと言っている）。

●次に、意識を呼吸から体に移し、この感情が最も強く感じられる場所を見つけよう。私たちは体の特定の場所に強い感情を感じ取る。最も一般的なのは額、顎、首、喉、肩、胸、腹などだ。自分の体をチェックしてみよう。数秒間、頭からつま先まで体を調べて最も強く感じる部位を絞り込もう。

●この感覚がどこで始まり、どこで終わるかを見つけてみよう。境界はどこだろうか？　それは体の表面にあるか、それとも奥の方か？　それは動いているか止まっているか？　温度はどのくらいか？　特に熱い部分や、冷たい部分があるか？　こうした現象に初めて出会った好奇心旺盛な科学者になったつもりで可能な限り多くのことを見つけよう。

■ステップ2　A：感情を承認する

一度感情と体の中の感覚を見つけたら、ステップ2ではその存在をはっきり認める。これはシンプルなひとり言を言うことで達成できる。「ここに怒りの感情がある」あるいは「不安の感情があるぞ」と言ってみよう。ACTでは、「私は怒っている」「私は憤慨している」とは言わずに、こういう言い方で感情を表現することを推奨している。「私のせいだ」や「私は悲しい」のような言い方をすると自分イコール感情というふうに受け止めてしまい、その感情を実際以上に大きく見せてしまうからだ。ACTでは、あなた自身とあなたの思考は別物であるというのと同様に、あなたはあなたの感情ではないという事実を体験してほしいと願っている。思考も感情も来ては去っていく。ちょうど雲が空を過ぎていくようなつかの間の出来事であり、常に移り変わっていくものだ。それは決してあなた自身ではない。よくある、「私は怒っている」というセリフも「私は怒りの感情を持っている」とした方がよい。この言い方をすると感情と少し距離がとれることを理解しよう。

もっとシンプルな方法は、感情に一言で言える名前をつけることだ。「怒り」「罪悪感」「恐れ」「悲しみ」など。感情を特定できないときは「痛み」「苦痛」「ストレス」などの大雑把な名前をつけよう。アクセプタンスにおいて認めることは非常に重要だ。それはあなたが「現実を受け入れる」、現実の世界、今この瞬間に感じていることに心を開くことを意味する。それは薄い氷の上でスケートをするようなものであり、状況に効果的に対処するにはまず氷が薄いという事実を認める必要がある。

注意：感情を認める時、それに価値判断を加えてはいけない。「またこのひどい気分が起こったよ」と言うと、アクセプタンスではなく回避が起こってしまう。

■ステップ3　M：感情に居場所を作ってやる

苦痛な感情が現れた時、私たちはそれを抑圧しようとする傾向がある。居場所を作ってやる代わりにそれを押し潰したり追い出そうとしたりする。怒り、たけり狂った馬をブリキの小屋に押し込めるようなものだ。馬は死に物狂いで逃げ出そうとし、ひづめで壁を蹴り続けるだろう。結果大きなダメージが残ってしまう。だが馬を広い場所に放してやると心行くまで走り回ることができ、すぐにエネルギーを使い果たして大人しくなる。実害はまったくない。同じやり方で、強い感情に居場所を作ってやることができる。充分な広さを与えれば、感情は害を及ぼすことなくエネルギーを失ってしまう。

以下の方法で呼吸を利用することもできる。

●深く息を吸い込む。息が体に入り感情を包み込むのを想像する。すると魔法のようにあなたの内部にスペースができる。それは、望ましくない感情に居場所を作ってやる感覚だ。

●望ましくない感情を好きになれないまでも、それが留まることを許してやれるか見てみよう。そこにいるのを許してやるだけでいい。

●この方法は感情を追い払うのには適さない。感情と戦ったり逃げたりするのをやめ、和解する方法だ。

●ひとり言も役に立つだろう。自分に向けて言う。「心を開く」「感情の居場所を作ってやれ」「そのままにしておこう」もっと長いフレーズでもよい。「この感情は好きではないし、望んでもいない。でも居場所を作ってやることはできる」

●感情のまわりに息を吹き込んでみる。少しずつ場所を空け、スペースを広げてやる。

●このエクササイズは好きなだけ短くしてもよいし、長くしてもよい。一分でやめても二十分やってもよい。練習すれば十秒間で一通りできるようになる。これはゆっくりした深い呼吸一回分の時間だ。

■ステップ4　E：気づきを広げよう

さて、最後の段階は気づきを深めること、言い変えれば自分の周りの世界との関わり合いを強めることだ。人生は壮大で常に変わり続ける舞台劇のようなものだ。その舞台にはあなたが考え、感じ、見聞きし、触れ、味わい、匂いを嗅ぐことができるすべてがある。そしてあなたの感情は舞台の上のたった一人の俳優だ。ステップ1、2、3を行う短い時間、あなたは舞台の照明を暗くし、この感情にスポットライトを当てる。次に再びすべてのライトをつけ、舞台のすべてを観察する。目に見え、聞こえ、触れ、味わい、嗅ぐことができるすべてに注目する。周りを見回してみよう。あなたはどこにいて、何をしていて、誰と一緒にいるだろう？　何が見え、聞こえ、何に触れることができる？

このエクササイズをしてもあなたの感情は存在し続けるだろう。だがあなたはそれに居場所を作ってやった。感情は、自分で去ると決めるまでそこに留まることができる。その間あなたは価値に基づいて自由に行動できる。気づきを広げ、自分の廻りの世界に触れ、それとつながろう。内向して引きこもるのではなく、外に向かって心を開くのだ。そして価値に道案内をさせる。自分に問いかけてみよう。「自分の価値に沿ったことで、今私がしたいのは何だろう？」自分ができる意味あること、価値あることがあるなら、気分が良くなるのを待っていてはいけない。今すぐやろう！

■なぜ感情に足を引っ張られるのか？

あなたが膨大な時間を費やす大事な人間関係でも、苦痛の感情は必ず訪れる。これは友人、家族、子供、両親などあらゆる関係において言えることだ。他者と長い時間を過ごせば遅かれ早かれ失望、イライラが起こり、あなたの期待は裏切られる。彼らはあなたを怒らせ、ストレスを与え、不安に陥れるような行動をするかもしれない。これを避けようとするのは冬の後に春が来るのを防ごうとするようなものだ。

あなたの関係がどんなものだろうと、あなたの感情は常に変化していく。喜びから不快へ、甘美から惨めさへ。だががっかりしてはいけない。練習次第でこうした感情にも居場所を作ることができ、それらを避けたりコントロールされることなく、やって来て去るがままにさせることが可能だ。これは恐れや激怒、悲しみや孤独など、どんな感情にも有効だ。練習すればするほどあなたとパートナーが得られる恩恵も大きくなる。

あなたは言うだろう。「でも、言い争いの最中にそんなことはできないよ」その通りだ。前もって一人でいる時に練習しておく必要がある。ストレスやフラストレーション、不安、怒りや緊張を感じた時、NAMEを三十秒から一分、一日五回から十回行ってみよう。

家にいて気が高ぶった時は、もっと集中的な練習をしてみよう。以下がそのやり方だ。

●心地よい場所に腰掛け、NAMEの四つのステップ――感情に気づく、感情を承認する、感情の居場所を作る、気づきを広げる――をやってみよう。

●大自然の驚異を観察する科学者のように、心を開き好奇心を持って自分の感情を観察してみよう。

●感情を観察している間、それに呼吸を吹き込み続けよう。

●時折心の霧に迷い込んでしまうこともあるだろう。だが心配はいらない。それに気づいたら再び呼吸に注意を向け、呼吸を心から体に戻していこう。

状況に合わせて五分から十分やってみよう。五分から始めるのがいいだろう。

エクササイズを繰り返すにつれ、対立の最中でもできるようになる。自分が興奮しているのを自覚でき、それに押し流されることなく錨を下ろすことが可能になる。パートナーは敵意に満ちた言葉であなたを刺激するだろう。感情の洪水があなたの体に沸き起こる。苦痛、怒り、恐れ、フラストレーション、自暴自棄……。しかしあなたはそれに息を吹き込み、居場所を作ってやり、現在に集中することが可能だ。

もちろん対立に完全に引き込まれ、これをするのを忘れてしまう時もある。これも人間として自然なことだ。その状況でもNAMEのテクニックを使うことは可能だ。怒って立ち去り、心に囚われて何度も言い争いを再生し、パートナーの言ったこと、したことをくよくよ考えるよりも、対立の後にマインドフルネスを行う方がずっと健康的だ。

■次はどうする？

　あなたは錨を下ろし、心の霧は晴れ、感情に居場所を作ってやった。次は自分の価値に意識を合わせて行動のガイドに使ってみよう。すでにやっているなら、それをもっと押し進めよう。価値について考え、それに沿って行動するのは常にすべきことだ。どうか人生の終わりまで続けて欲しい。毎日自分に尋ねる。「関係を深め、強めるために私ができることは何だろう？　関係を向上させる言葉や行動は何か？」。価値に沿う行動とは、素直に謝ることから、ゴミを出すこと、ベッドを整えてくれることに感謝して花を買う、ベッドで面白い話を分かち合う、皿洗いやマッサージを申し出る、「今日どうだった？」「愛してるよ」などと話しかけることだ。

　ここまで、ＬＯＶＥのうち「思考を解き放つ」「心を開く」「価値づけする」を見てきた。次は「現在に集中する」だ。

第13章　私を見て！

暖かな午後の公園。小さな女の子が歓声を上げながら自転車で丘を下っていく。女の子はハンドルから手を放し、両腕を宙に上げて叫んでいる。「見て！　見て！」。母親は満面の笑みを浮かべて見守っている。

若いカップルがろうそくを灯したテーブルに座っている。「なんて素敵な瞳なんだ」。彼は彼女の手を握りながら言う。

「本当？」彼女は尋ねる。

彼は静かに頷く。お互いを夢心地で見つめ、レストランの他の客などまったく目に入らない。

■完全な注目がもたらす恩恵

他者への最高の賞賛表現の一つは、相手に全面的に注意を向けることだ。誰かを自分の意識の中心に置くと、相手は注目され、丁重に扱われたと感じる。自分があなたにとって重要な存在であることを知るのだ。逆の状況もある。誰かがあなたに純粋な注意を向けたら、相手の興味をあなたが引き付けたら、かなりいい気分になるのではないだろうか。

あなたがとても尊敬している誰かを思い浮かべよう。大好きな映画スター、スポーツ選手、作家、ロックミュージシャン、世界のリーダー、会いたい中でももっともすごい夢の人物だ。その人物が突然あなたの部屋に入って来たとする。あなたはその人物にすべての注意を向けるだろうか？　もちろんそうするだろう。相手にすっかり見とれ、どんな服を着ているか、どんな外見か、何をしているかを観察し、最大の興味をもってその人の話を聞くだろう。表情に注目し、声の調子を検知し、その言葉を必死で理解しようとし、言うことを注意深く検討する。その人物の性格に少々変わったところがあったとしても、あなたはそれを厳しくとらえず、風変わりな行いとして受け入れるだろう。自分に対する攻撃と捉えて腹を立てたりすることは絶対にないだろう。尊敬する人々と出会った時に誰もがなるように、あなたは緊張し、不安になるだろう。だがあなたはその人と一緒に時を過ごすためにそれらの感情に居場所を与えるに違いない。

こういう状況では、あなたは相手にすべての注意を向けている。好奇心のかたまりとなってこの経験に心を開いている。あなたは深い接続の感覚を体験している。自分の心に囚われることなく、今いる場所、起きていることに完全につながっている。これが、私の言う「現在に集中する」ということだ。

二人の関係が始まった頃、あなたとパートナーは互いに気遣い、互いに相手に興味を持っていた。そして二人とも「現在」を生きていた。だが時間が経つにつれ魔法は消えていった。これはまったく普通のことだ。そしてこれは誰にでも起こる。理由は次の通りだ。

あなたの心はパートナーの肖像画を描き、その肖像画を本人だと思い込む。しかし絵は動かず、変化もしない。しばらくするとあなたは絵の細部まで記憶する。あなたはそれを何万回と見ているが、それは最高の名作というわけではない。そしてあなたは徐々に興味を失っていく。今でも絵を楽しんではいるが、かつてのように夢中ではない。やがて退屈が忍び寄ってくる。あなたは時々絵をチェックするのを怠るようになる。時が経つうちにさまざまな欠点が目についてくる。雑な筆の跡、キャンバスのひび割れ……。この状態が続くと、やがてあなたはこの絵を忌み嫌うようになり、最初に見初めた日のことを後悔しはじめる。

■パートナーに集中する

多くの関係が、情熱から退屈、そして軽蔑という道のりをたどる。だが必ずそうならなければならない道理はない。もしあなたがこの道を進んでいても、すぐに方向転換してマインドフルネスを使うことができる。自分の呼吸に意識を向ける代わりにパートナーに集中してみよう。全力で真剣に彼に注意を向けよう。彼女の顔、唇、目、姿勢、行動などに注目する。声の調子や言葉の選び方に注意する。あなたは彼女の考え方や感情に純粋な興味を持っている。あるいは彼が世界をどのように見ているかにすごく興味がある。あなたのパートナーはあなたの錨になったのだ。思考に押し流されそうになった時は、すぐに気づいて意識をパートナーに戻すことができる。

マインドフルネスは相手を肖像画と区別する助けになる。相手は肖像画よりもはるかに深い人間であることを、あなたは理解する。また、パートナーの肖像画は戯画のようなもので、相手の象徴的な要素のいくつかを漫画のような粗削りなイメージに放り込んだに過ぎないことも理解する。絵に近づいて見てみると、それはキャンバスの上の絵の具の層に過ぎないことが分かる。でも実際の相手を見るとまったくそうではない。あなたは相手に深みと人生、意味を発見するだろう。

「集中する engage」という言葉は二つのフランス語から派生した。en は「作る」を、gage は「誓う」を意味する。あなたがパートナーに完全に集中している時、それは相手に対して何かを誓っているのだ。友情や気遣い、尊敬の誓いなど。あなたは言葉よりも深いレベルで次のメッセージを送っている。「私はあなたを尊敬している、気遣っている、あなたのためにいつもここにいる」

パートナーに集中することは非常に大変だ。心はあなたの気をそらそうと仕掛けてくる。次々と物語を投げつけ、どれか一つでもあなたを捉えることを期待している。それは時に成功する。だがあなたは解き放つ技術を磨いていくことができる。あなたは苦痛の感情、特に恨みと怒りは邪魔者だと思っているかもしれない。だが心を開き、これらの感情のために居場所を作るスキルを上達させることはできる。

もう一つの邪魔者は自動運転モードだ。本当に大事なことを意識せず、おざなりに行動してしまうことだ。だがあなたは、心とつながり、意識して価値に沿った行動をするのがうまくなることでこれに対応できる。

さて、あなたはLOVEの四つの要素——思考を解き放つ、心を開く、価値づけする（価値に基づいた行動をする）、現在に集中する——が相互に関連していることを理解できると思う。これらは心理的柔軟性というダイヤモンドの四つの異なる面なのだ。愛の感情は現れては去っていく。だがLOVEに基いた行動は、あなたがどんな感情を抱えているかに関わりなくいつでもどこでも行える。そしてあなたが愛の行動をとるほど、二人の関係は強くなっていくのだ。

■集中（エンゲージメント）には指輪以上のものがある

集中について多くを語ってきた。ここからは実際にやってみる時間だ。パートナーとマインドフルにつながるためのアドバイスを紹介しよう。実践するにあたって、価値判断や批判はしないでほしい。また、心があなたをつかまえたら、それを認めて静かに意識を戻せばよい。

●表情に対してマインドフルになる

パートナーの表情に注目しよう。眉、額、口の周りの線やしわに意識を向ける。彼女の感情を読み取ってみよう。偉大な俳優の演技を見るために大枚をはたいたと思って。彼女の表情は何を訴えているだろうか？

●ボディーランゲージにマインドフルになる

パートナーの体の動かし方に注意しよう。首や肩、腕、膝、手、足。彼が車に乗る時、階段を昇る時、廊下を歩く時の動きを観察しよう。まるで彼がそうするのを初めて見るかのように。彼がしゃべる時、手はどんな動きをするだろうか。彼の姿勢は感情の変化とともにどう変わるか。知られざる文明の住人を観察する文化人類学者になったつもりで観察してみよう。

●会話にマインドフルになる

パートナーの話し方に注意を向けてみよう。声の質やリズム、言葉の選び方、速度やテンポ、どんな感情を含んでいるか等。

●感情にマインドフルになる

上記の項目をすべて同時にやってみよう。パートナーの顔、体、話し方、すべてに同時に注意を向ける。感情に集中し、パートナーが感じていることを読み取ろう。

■相手に対する興味とオープンな態度を育てよう

私たちが話をする時、相手が集中して聞いてくれることを望む。相手が話に興味を持ち、たとえ賛成ではなくても、自分の思考やアイデアに心を開いて聞いているかを知りたい。相手が退屈したり集中していなかったり、敵意を持ったり批判的だったり、素っ気なかったりすると不愉快になる。パートナーと会話する時、興味とオープンな態度を維持するための方法がいくつかある。

●世界についてのパートナーの視点がわかるような質問をしてみる。「これについてどう感じる?」「この問題をどう解釈する?」など。

●パートナーに「自分は重要で、気遣われている」と感じてもらうのがあなたの目的だと思って、相手の話を聞いてみよう。

●相手について学ぶという意志をもって話を聞こう。パートナーが感じていること、考えていること、世界をどう見ているかをもっと知るために話を聞くのだ。

●つながろうという意志をもって話を聞こう。言葉よりも深いレベルで交わりつながるために、そしてあなたが常にそばにいて、相手を気遣っていることを知ってもらうために。

●心がささやく役に立たない物語は手放そう。あなたがよく知っている物語だ。「またか、相も変わらずその話か」「自分が言ってることが分かってるのか?」「いい加減に分かって欲しいよ。そしたらすべて解決するのに」「お前が言うことは分かってるよ。まったくもううんざりだ」。心のこうした呟きを止めさせることはできない。だが、家の前を行きかう車のように、やって来て去るに任せることはできる。

●このエクササイズの一助として、これが初めてのデートだと想像してみるのもよい。相手に良い印象を与えたいのと同時に、相手のことをもっとよく知りたい。彼女についてもっと知りたいという意図を持っていろいろ質問し、答えに耳を傾けよう。彼についてはすでに知っていると思わずに、新たな発見の旅に出かけよう。忘れないでほしい、肖像画は本人ではない。機会あるごとに絵を脇にどけて、その後ろにいる本物の人間と交流しよう。

■面倒なエクササイズをするわけ

なぜこんな面倒な作業をしなければならないのだろう？　会話を打ち切ったり、聞き流したり、話題を変えたり、あるいはパートナーの言い分を聞かずに自分の意見をまくしたてる方がずっと簡単なのに。答えは、それが退屈と断絶の特効薬だからだ。意識的に興味を持ち、心を開き、思いやりを育まない限り、パートナーに対する興味は失せ、不満が募っていく。これは相手にとっても同じことだ。

■パートナーが乗り気なら

以下の二つのエクササイズはマインドフルネスのスキルを高めるのに非常に有効だ。最初のは非常に難しいが、二番目はそうでもない。

■エクササイズ：マインドフルに見つめ合う

このエクササイズは気弱な人には難しいかもしれない。多くのカップルはその驚くべき効果に驚嘆するが、不安を感じる人もいる。一つ断っておきたいのは、両者が一〇〇％乗り気でない限り、やるべきではないということだ。もしどちらかが嫌々行うと、結果は惨憺（さんたん）たるものになる。

通常は五分で充分だが、好きなだけ短くしても長くしてもよい。どちらの側も「今はこれで充分」と言ってやめることができる。「マインドフルに見つめ合う」の説明とコメントを読んでから、このシンプルなエクササイズを始めよう。

●相手と向き合ってすわる。互いの膝を絡ませる。
●五分間、互いの目をマインドフルに見つめる。しゃべってはいけない。

目的は深いつながりを作ること、互いが完全に相手に意識を向けることだ。これをにらめっこにしてはいけない。あなたの目的は、純粋かつシンプルに相手と深くつながること、パートナーに、自分があなたの意識の中心にいるのを知らせることなのだ。

不快な感情が起こるかもしれない。その場合、それに息を吹き込み、居場所を作ってやろう。あなたの心はあなたの意識をそらそうとするだろう。思考が現れたら家の前を通る車のごとく、あるいは流れに浮かぶ葉っぱのごとく、自由に行き来させよう。時には心の中でさまようこともあるだろう。これは正常なことで避けようもない。そうなったことに気づいたらすぐ、静かに意識を戻そう。集中が切れたら再び戻す。笑ってしまったら無理に止めようとせず自分に笑うことを許そう。だが、つながりを切ってはいけない。笑いながらでもパートナーの目を見つめ続けるのだ。震えたり、赤面したり、泣きだしたりしても同じようにする。

では、ここで説明を読み返し、エクササイズをやってみよう。

終わったら起こったことを話し合おう。心はどうやってあなたの集中を妨害しようとしたか？どのような不快な感情が現れたか？　他者とともに現在に意識を置こうとするのはどれほど難しいか？　どちらか一人が変顔をしたり音をたてたりしてエクササイズを中止しようとしたか？そうだとしたらどんな不快な感情を避けようとしたのか？

■エクササイズ：マインドフルな抱擁

これは前のよりも簡単なエクササイズだ。前のエクササイズの指示通りにやってほしい。ただ今度は相手の目を見つめるのではなく、寄り添うか抱き合って数分間過ごす。マインドフルにやってみよう。初めてであるかのように寄り添ってみよう。体のどこが触れ合っているか、温かい感覚、その部分に感じる圧力に注意してみよう。呼吸のリズムに注目しよう。指の下に何を感じるか、何が見えるか、聞こえるか、匂いはするか？　思考は来るまま去るままにしておこう。感情には居場所を作ってやり、ただ肉体のつながりに集中しよう。

エクササイズのあと、どうだったかを話し合おう。心はどのように邪魔してきたか？　どんな不快な感情が浮かんできたか？　どちらかがエクササイズをやめようとしたか？　その理由は何か？

「戦争をやめ、愛し合おう」はヒッピーの有名なスローガンだ。素晴らしい思想だが、親密な関係においては戦争は避けようがない。だが、戦いにＬＯＶＥを持ち込めば、それを変えることができる。さあこれ以上躊躇（ちゅうちょ）せずに試してみよう。

第14章　愛の戦い

カップルには二つの種類がある。互いにいがみ合うカップルと、あなたがよく知らないカップルだ。時には、この上なく幸福そうなカップルに出会うこともある。彼らはとても相性がよく、同じ興味、同じ欲求、嗜好、人生を楽しむ態度を共有している。私たちは思う。「いいな！　どうして私の関係は彼らみたいにはならないのだろう？」。こうして我々は「完璧なパートナー」の物語に再び戻ってしまう。

だが私たちは、そのカップルのほんの一部を垣間見ただけだということを忘れている。見えないところで彼らがどう振舞っているかは知る由もない。もしかすると家では激しくいがみ合っているのかもしれない。疲れたり病気の時、あるいは不機嫌だったり退屈でイライラしている時、彼らがどうふるまうかはまったく分からない。一晩中怒鳴り、叫び、大声を上げるのかもしれない。だが心はそうしたことを都合よく忘れてしまう。そして彼らの関係は素晴らしく、あれこそが健全なカップルのあるべき姿で、いつもケンカが絶えない自分たちには何か問題があると考えてしまうのだ。

■解き放つことを学ぶ

高級雑誌に載っている、結婚に関するおとぎ話を読んだことがあるだろうか？　お金も才能もあり、セクシーで美しい映画スター同士の結婚。彼らはとても幸福でお似合いのカップルで、深く愛し合っているように見える。まるで天国の結婚だ。あれだけの財産を持ち、贅沢品に囲まれ、美しい容姿をしていれば、私たちのようにケンカしたり言い争ったりするわけがない。そもそも何について争うというのだ？　それから六か月後、彼らは離婚し、結婚生活がどんなに酷いものだったかを世界中に暴露する。

拘束衣を着せられたかのように、自分の欲望をすべて封印し、人生を保留してパートナーのすべての気まぐれに同意し、決して口答えせず要求もしなければ、ケンカをせずにやっていけるだろう。しかしあなたが支払う代償はどれほどのものだろうか？　健全な関係を維持するためには、あなたは自分の価値、目的、望み、欲求などを大切にしなければならない。あなたのパートナーも同様だ。だがそれは、時に争いを引き起こす。

人間関係の大家ジョン・ゴットマンは、数百組のカップルを調査し、関係を作る要素あるいは壊す要素を発見した。彼の研究によれば、カップルの関係を健全にするのはケンカの回数ではなくそのやり方だという（Gottman and Silver 1999）。軽蔑と憎悪の煙幕の中を容赦のない批判と刺すような侮辱が飛び交うような、意地悪で不愉快なケンカでは、二人とも重傷を負ってしまう。だが温かみと開かれた心、陽気さを保ち、軽蔑や価値判断、恨みなどのない友好的態度でのケンカの場合、傷は浅くすんで回復も早い。

これはもっともな話だ。親しい友人との陽気な口ゲンカがどんなものかあなたも知っているだろう。気を悪くすることも深く傷つくこともなく、すぐに忘れてしまう。反対に、険悪な言い争いについてもご存じだろう。ケンカの口火が切られると意地悪で不快な言葉が投げつけられる。あなたは傷つき怒りに燃える。忘れ去るのはずっと難しくなる。ルールをわきまえたケンカをするために、ＡＣＴはどのように役立つだろうか？

心の霧に迷い込んだ状態では、問題を効果的に話し合うことはできない。谷が見えない時、そこを探検するのは不可能だ。だがあなたが役に立たない物語を手放すなら、話し合いがずっと建設的になるのを実感するだろう。手放すための方法には、物語に名前をつける、お気に入りの議論をペットにする、ユーモアを使う、「私は正しい、間違っているのはそっち」という考えを再検討する、などがある。これらの方法を一つ一つ見ていこう。

■物語に名前をつける

物語に名前をつける手法は第9章と第10章でも話した。これをいつもやっている言い争いに使うことができる。まず二人の間で「定番」となっているケンカの種を見つけよう。何年もの間、何も得るものがないのに繰り返されてきた争いだ。多くのカップルに共通するのは、お金、家事、休日の過ごしかた、家庭での責任分担、車や家などの大きな買い物、人付き合い、セックス、子育て、仕事、ワーク・ライフ・バランス（仕事と家庭の調和）、友人や親戚（特に義理の親戚）との関係などの問題だ。二人にとっての「定番」を選び、もしもそれが小説だとしたらどんなタイトルがふさわしいか考えてみよう。一人でやってもいいが、パートナーと一緒にユーモアを交えてやると一層よい。二人が「物語」が始まったことに気づいたら、こんなふうに使おう。「おっと、どうやら「家事の物語」にはまったみたいだぞ」。これは錨を下ろす知らせにもなる。マインドフルな呼吸をして現在に集中するのだ。

■「ペットの議論」を見つける

この手法を思いついたのは私の妻カーメルだ。妻と私は自分たちの「定番の言い争い」について話し合っていた。家をきれいにする、親戚を訪問する、お金の使い方、などだ。これらの厄介な問題について面と向かって議論することは滅多になかった。家の掃除について話が及ぶと、彼女は私の「整頓」の基準が低すぎると言い、もっと真剣に家の掃除と整頓をすべきだと主張した。一方、私は彼女の基準は高すぎ、おかげで必要のない家事までしなければならなくなっていると思っていた。

親戚を訪ねることについては、彼女が自分の家族と過ごす時間があまりに長いというのが私の考えだった。一方、彼女は私が彼女の家族と過ごす時間が短すぎると不満だった。お金については、私は彼女の金遣いが荒いと考え、彼女は私があまりに用心深い倹約家だと思っていた。これらの問題はずっと何の進展もないままで、やがて私たちは、どうやら合意の目は無いことに気づき始めた。ある時カーメルが言った。「この議論って私たちのペットみたいね。大事に飼って、餌をやって、時には外に連れ出して運動をさせて」。これには二人とも笑った。ここ何年も、私たちはこのペットを追い払おうとしていた。何とかわいそうなことか！　拒否され邪魔者扱いにされてどんなに辛かったことか！　もう少し大事にしてやれなかっただろうか？

言い争いをペットのようなものと考えると、それは急に小さくなり、大した問題ではないように感じられる。ペットはあなたと一緒に暮らしている。餌をやり、世話をする。コツはうまく躾けることだ。基本のルールを決めておけば、彼らがコントロール不能になって家庭を破壊することはない。多くのカップルがこのやり方はうまくいくと感じている。お決まりの言い争いが動物だとしたら、それはどんな動物だろう？　どんな外観だろうか？　（それぞれの争いに違う種類の動物を当ててもよい。あるいは全部同じ種類でもかまわない）。どんな名前をつけるだろうか？

パートナーが同意するなら以下のエクササイズをやってみよう。楽しんでやってほしい。いろいろ試して遊んでほしい。例えば、二人の間に緊張が走ったらこうコメントする。「どうやらペットが逃げ出したみたいだぞ」。カーメルと私は長旅の運転中にケンカをするという長年の習慣がある。長いドライブ旅行に出かける前にどちらかがこうつぶやいておけば、ケンカは起きない。「ペットは連れていく?」あるいは「どれか連れていきたいペットはいる?」

■ユーモアを使おう

争いの最中にLOVEを用いるカギは気楽さを持つことだ。ユーモアと陽気さには大きな力がある。解き放つ行動のサインとして、二人の間でユーモラスなシグナルや言葉を決めておくのもよいだろう。例えばこんな言い回しを使ってもよい。「とーきーはなつー!」。アニメのキャラクターが断崖絶壁から落ちる時のような声で言ってみよう。想像力を駆使しよう。言葉、音、ジェスチャー、二人の間で合意したものなら何でも使える。だがあくまで合意がなければならない。でないと相手を怒らせたりイライラさせる言葉を使ってしまうかもしれない。

■「私は正しい、間違っているのはそっち」の物語を再検討しよう

この物語については第7章で簡単に触れたが、対立の原因としてあまりに大きいものなのでもう一度検討しよう。「私は正しい、間違っているのはそっち」は、心がささやく不平の物語の中でもっとも説得力のあるものだろう。この考えに完全に支配された相手、自分の考えの正しさを押しつけてくる相手と話し合ったことはあるだろうか? そして、その態度はあなたとその人物との関係にどんな影響を与えただろうか?

「私は正しい、そっちが間違っている」の主張はさまざまな形で現れる。

マイケルの場合は「お金を株式や債券に投資すべきだ。僕は充分なリサーチをした。投資すべきも

のは分かっている。絶対に投資を始めるべきだ」というものだった。

リサの主張はこうだった。「子供をそんなふうに抱いちゃだめよ。哺乳瓶をそんなふうに与えちゃだめ。おむつのつけ方が間違ってる」

ジムの場合はこうだ。「自分が何を言ってるか分かってるのか？　僕に任せておけよ」

クリスティーは、「どうしていつも子供たちを怒鳴りつけるの？　こんなの我慢できない」

こうした物語は数えきれないほどある。「あなたが悪い」「あなたっていつもこうなのね」「あなたは絶対やらない！」「話を聞いてないな」「こうやるんだよ」「こういうふうにやらなくちゃ駄目だ」「あれこれ指図しないでくれ」。

メッセージはいつも同じだ。「私はいつも正しい、間違ってるのはそっちだ。だからむこうに行って口出ししないでほしい。さもなきゃ言う通りにやってほしい！」。この姿勢はあらゆる形をとる。頑固さ、粗暴な態度、独善傾向、エゴイズム、軽蔑、自分の主張を押しつける、妥協を拒否する、パートナーの意見を聞かずに大事なことを決める。これらは間違いなくフラストレーションや緊張、対立を引き起こす。この物語は特に役に立たない価値判断と結びついている。「正しい」パートナーは自分は常に相手より賢く強く、何かの点で相手に勝り、「間違った」パートナーを自分より劣る存在だと考えている。自分が「間違った」方だと見なされたらどんな気がするだろうか？

では、自分は「正しい」という考えにしがみつくとどうなるか？　正直なところ、多くの人はこの考えが力の源だと思っているだろう。自分が正しいと考えると、私たちは強さ、正義を感じる。体にエネルギーが脈打つ。力がみなぎり、いつでも戦える態勢になる。問題は、このパワーによって巨大な壁が築かれてしまうことだ。高く厚い壁はあなたとパートナーを完全に分離してしまう。自分の側の壁のレンガには大きな文字でこう書かれている。「私は正しい！」。力が満ち溢れるのも当然だ。だがパートナーの側からの眺めは芳しくない。レンガにはこう書いてある。「お前は間違っている」。

この壁は緊密さやつながりを寄せ付けない。チームワークや協力といったことは不可能になる。友情や楽しみ、親密さを育むことも許さない。健全な関係を望むなら、まず壁を取り壊さなくてはならない。

ちょっと喜ばしいのは、これがそれほど難しくないということだ。本物と違い、この壁には実体がない。その素材はあなたの態度、信条、価値判断だ。心の霧を追い払ったのと同じ方法で、あなたは壁を崩すことができる。それを握りしめるのをやめるのだ。レンガを手放せば壁は粉々になる。

まず物語に名前をつけることから始めよう。あからさまに「また「私は正しい、そっちが間違っている」の話がはじまった」でもいいし、ユーモアをこめてパートナーに「う～ん、僕たちは「正しい・間違い」のゲームをしてるみたいだけど、気のせいかな?」と言うのもいい。面白い名前をつけるのもいい。「私に任せろ物語」「ミスター・こうしろ物語」「言う通りにして物語」。前にも言ったが、この手法は二人ともその名前に賛成している時に効果を発揮する。どちらかが気分を害することなく気軽に使えるからだ。

名前つけのポイントは、それが現れた時に二人ともすぐに気づけることだ。物語が現れたことに気づき、それに囚われるとどうなるかも予期できれば、取り除くのはずっと簡単になる。もしパートナーが乗り気でないなら一人でこのテクニックを使うこともできる。自分に言おう。「彼女がまた「正しい・間違い」ごっこをはじめたよ」。

一つ言っておかなければならないことがある。これを一人で練習することはとても大切だ。私たちは誰もが「私は正しい、間違っているのはそっち」の物語に囚われている。相手が囚われていることに気づくのは簡単だが、自分がそうなっていることに気づくのは難しい。だが注意すれば分かるはずだ。パートナーがいないところで彼女を批判する時、彼女に相談せずに大事なことを決める時、あるいは彼女が言ったりやったりした「間違った」ことを心の中で反芻している時、物語は現れる。現れたことに気づいたらすぐに認めよう。「おっと、また古い物語に囚われてたよ」。そして深い息をしてそれを解き放つ。現在に意識を戻す。自分がいる場所、していることに注意を向ける。自分に尋ねよう。「この物語に囚われるより、今できるもっと役に立つことはないか？」

物語に名前をつけたとしても、解き放つのが難しい時もあるだろう。おそらく、言い争いが白熱して、苦々しい思いで終わったのだろう。昨日の晩か先週、あるいは先月のケンカを思い出したのかもしれない。ひどい苦痛や怒り、憎しみが渦巻き、物語はそれを餌にしてさらに巨大になっているのかもしれない。もしそうなら自分に問いかけよう。「私は正しい立場に居たいのか、それとも愛したいのか？　正しさを選ぶのか、それとも良い関係を選ぶのか？」。こうした問いはあなたを現実に引き戻してくれる。

ある意味ふざけたような脱フュージョンのテクニックが役に立つ場合もある。自分の思考を歌ってみよう。おかしな声で言ってみよう。巨大なバースデーケーキの上に、チョコレートでその言葉が書いてあるのを想像してもいい。あるいは、静かな場所をみつけて第10章で紹介した流れていく葉っぱのエクササイズをしてみるのもよい。数分間静かに腰掛けて、すべての正しさ、復讐心、怒り、傲慢さ、自己満足の思考などを葉っぱに載せ、優しく流れに放してやろう。

■パートナーが乗り気なら

私が好きな方法は、カップルに小さなカードを渡し、暖炉の上や冷蔵庫のドアなど、いつも見られる場所に置いてもらうやり方だ。カードの一面には「私は正しい、間違っているのはあなた」と書いてある。裏側には、「こんな物語は手放してもっと役に立つことをしない？」とある。そして、ケンカが始まったことに気づいたら、どちらかがこのカードを相手に渡すのだ。このやり方は争いを簡単に中断させ、ふたりに物語を手放すことを思い出させる。まず一人で、自分に合った言葉遣いに変えてやってみよう。カードを何枚か作って色々な場所に置くのもいい。

■とどめの一言

口論を終わらせるために最も役立つ方法の一つは、とどめの一言を言いたい欲求を解き放つことだ。もし解き放てない時は、怒りに満ちた言い争いが数時間続くことさえあるだろう。特にお決まりの「あなたが始めたのよ！」のセリフが出た時は。あなたは知っていると思う。それはこんな具合だ。

「あなたが〇〇〇なんて言わなければこんなケンカにはならなかった」
「違うね、君が最初に×××と言って始めたんじゃないか」
「あなたが〇〇〇と言ったから言い返しただけ」
「それは先週君が×××をしなかったから言ったんだよ」

こうして口論は結論に達することなく一晩中続く。たとえ最後に（まずあり得ないことだが）どちらが始めたかについて合意したとしても、役に立ち、関係を深めるような何かを得られただろうか？それは「私が正しい、間違っているのはそっち」の別バージョンに過ぎない。自分に問いかけてみよう。二人の関係のために、あなたはとどめの一言を喜んで手放すことができるか？　衝動に突き動かされることなく、それが来て去るに任せることができるか？　もしあなたが私と同じような人間なら、これは大変難しいだろう。まさに言うは易しである。だが積極的に何とかしようとするなら、少し落ち着いて「自分が正しいことと、関係を良くすることのどちらが大事なのか？」と自問してみよう。それが莫大な時間とエネルギーを節約してくれることに気づくだろう。次の章ではこのエネルギーをもっと建設的に使う方法を学ぼう。

第15章　鎧を脱ぎ捨てよう

「もうたくさんだよ、何度言ったら分かるんだ？　少しは僕の話を聞けよ」。

　誰かとの会話の最初の一言がこれだったらあなたはどう感じるだろう？　傷つく？　ムッとする？　不安になる？　あるいは怒る？　あなたのパートナーが聖者か教祖、禅の導師でもない限り、敵意や対立、苦々しい態度、意地悪な価値判断などで会話が始まったら、その場で全面戦争に突入してしまう（あるいは相手はそそくさと立ち去ってしまうだろう）。

■フェアな戦いを学ぼう

　何かの問題に取り組む時は、まず自分がどんな結果を期待するのか思い浮かべよう。意味のないケンカにエネルギーを費やしたいなら、何をすべきか分かるだろう。鎧を着て剣を取り、突撃するだけだ。非難、手厳しい言葉、批判、価値判断、怒りや悲痛な要求で完全武装し、口論の中に飛び込んでいく。時間を浪費し、あなたの関係を枯渇（ドレイン）させるのは間違いない。もしあなたが関係を高める方向で難しい問題に対処したいなら正反対の行動をすべきだ。剣を置き、鎧を脱ぎ捨てて、両手を広げてパートナーに近づくのだ。

　当然これは簡単なことではない。恐らくあなたは自分が無防備（vulnerable）だと感じるだろう。Vulnerableという言葉はラテン語の「傷（vulnus）」から来ている。鎧なしではあなたは傷つくかもしれない。不安やイライラを感じ、緊張して神経質になるのも無理はない。心地よく感じることはまずないだろう。これは自然なことだ。あなたはリスクを冒しているのだから。パートナーがどう反応するかは分からない。攻撃してくるかもしれない。逃げ出すかもしれない。軽蔑されるかもしれない。あなたの望む反応が返ってくる保証はない。不都合な真実である。だがこれはまさに「心を開く」スキルを使う時だ（第11章、第12章参照）。自分の感情に息を吹き込み、居場所を作ってやり、呼吸を現在に意識を留める錨として使う。

繰り返すが、あなたがコントロール可能なことだけに集中するのがコツだ。パートナーがどう反応するかはコントロールできない。また、現れる不快感も止めることはできない。だがこれらの感情に場所を空けてやることはできる。また自分の発言、発言するタイミング、言い方などもコントロールできる。

■何を言うか

まず、自分が何を得たいのか考えよう。新たな言い争いを望んでいるのか、それとも良い関係を構築したいのか？　後者であれば、どんな言葉を使うのが一番効果的か？　この問題をあなたの親友、あるいは尊敬する人物に提起する場合、どんな言葉遣いで何と言うだろうか？

もう一つ考慮すべきことがある。あなたは相手を脅したいのか、最後通牒を突きつけたいのか、命令したいのか、威張り散らしたいのか、それとも親しくお願いしたいのか？　脅し、最後通牒、命令、高圧的な態度などはネガティブな反応を起こしやすい。これは当然だ。脅したり最後通牒を突きつける人間を好きになれるだろうか？　要求、主張、命令を押しつける人間にどんな感情を持つだろうか？　もしあなたがパートナーから友好的な合意をとりつけ、関係を損なわずに望み通りの結果を得たいと思うなら、友好的な態度で頼む必要がある。友人に頼みごとをするようにパートナーに話しかけてみよう。礼儀正しく親しみを持って欲しいものを伝えよう。そしてそれが得られた時は、当然と思わずに感謝を表そう。心は言うかもしれない。「こんなの頼むべきことじゃないのに。彼は当然これをやるべきなのよ」。あるいは「これをしたら彼女は僕を弱い奴だと思うんじゃないか?」。ここで有効性を思い出そう。あなたがこうした思考に囚われたら、そしてそれにコントロールを許したら、長い目で見てあなたの関係にプラスだろうか?

■いつ話すか

少々難しい、厄介な問題を持ち出す時はタイミングに気をつけよう。パートナーの機嫌が良いのはいつだろうか? 逆に、最も反応が悪そうなのはいつだろう? 話し合うのに一番よくないのは、どちらかが疲れていたり、イライラしていたり、酔っている時、あるいは悪いことがあった日、子供たちが騒いでいる時、義理の親が来ている時、二人のストレスが最大の時などだ。良い時間は二人が休息中でストレスの少ない時だ。

ここで現実を把握しよう。多くのカップルが、良い雰囲気の時には重要な問題を話したがらない。一つには、お互い機嫌がいい時には問題が小さく、対処するのが簡単に思えるからだろう。また、今日は素晴らしい一日だったのだからぶち壊しにしたくない、という考えもあるだろう。反対に、機嫌が悪い時は問題は大きく見え、あなたはイライラし、フラストレーションを感じやすい。とてもではないが問題について話し合う気にはなれない。この項のアドバイスは言うは易しだが、実践するのは難しい。

だがこれは心に留めておく価値がある。ひとつ言っておきたいのはこの戦略をできる限りうまく使うのと同時に、現実的になることだ。パートナーに前もって伝えておくのも良いかもしれない。「ちょっと僕たちの財政状態について話し合いたいんだ。今週時間を作ってくれないかな?」。環境を少し変えてみるのもよいだろう。ちょっと公園に散歩に行ったり、カフェでコーヒーでも飲みながら話すのもいい。

■どのように話すか

言葉を選ぶのも大事だが、話す時の態度も重要だ。声が大きかったり敵意が感じられたり、尊大だったり見下すような表情だと、あるいは怒りやフラストレーションを伝えるような姿勢をとると、どんなに美しく詩的な言葉を使っても受け入れられにくい。

これを理解するためにカップルにちょっとしたエクササイズをしてもらう。「あなたは素晴らしい」というセリフを交代で言ってもらうのだ。その時、あざ笑うような表情で、声も皮肉っぽくする。その後、私は質問する。「言葉と態度、どちらのインパクトが大きかっただろうか?」

あなたの価値に基づいた態度をとるようにしよう。あなたはどんなパートナーになりたいだろうか? 気遣いのある、優しい、心が広い、オープンな、思いやりのある、丁寧な、愛情深いパートナーだろうか? それとも辛辣で敵意に満ち、無礼で他人を見下す、冷ややかで怒りに満ちたパートナーだろうか? パートナーと話し合う前に自分にとっての望ましい態度というものを考えておこう。

以下はいくつかの提案だ。

- ●あなたが感謝しているパートナーの行動についてじっくり考えてみよう。
- ●パートナーの長所について考えてみよう。

●二人にとっての楽しく愛すべき記憶を思い出そう。
●お互いが傷ついていることを理解しよう。前回のケンカについて考え、相手を傷つけた自分の言葉や行為を思い出そう。思い出したことを元に思いやりを育てよう。自分が持っている生来の優しさをパートナーに分け与えてみよう。
●自分の基本的価値につながり、自分自身に問いかけよう。私は何を支持したいのか？　パートナーとのやり取りが録画され、テレビで放送されるとしたら、どんな印象を視聴者に与えたいか？　自分のどんなところを人々に見てもらいたいだろうか？　基本的価値をガイドとして使うことに真剣に取り組もう。

■醜い争いをやめよう

どんなパートナーになりたいのかを自分自身に真剣に問いかけよう。相手にどんなダメージを与えようと、何が何でも議論に勝ちたいのか？　健全な関係を作ることよりも議論に勝つことの方が大事なのか？　不快でコソコソした、相手に対する配慮のない戦術を使うことで、あなたは何を得るのだろう？　確かにあなたは議論に勝てるかもしれない。だがそれに何の価値があるのか？　気分が良くなる？　醜い争いがあなたの関係に何をもたらす？　私の言う「醜い争い」がどんなものか分からない人のためにいくつか例を挙げよう。

●突然キレる

パートナーがあなたの嫌がることをした時、あなたは何も言わず、数日間か数週間腹にため込む。そして、何か対立が起こった時、袖に隠し持ったナイフを突然取り出すかのように、怒りを相手にぶつける。

●集団で攻撃する

ケンカに第三者を巻き込む。たとえば親や親友などを。二人一緒になってパートナーを攻撃する。

●急所を攻撃する

口論が白熱するとあなたは傷ついていく。気がついていないかもしれないが、あなたは痛みを奥深くにしまい込み、煮えたぎる怒りの下に抑え込んできた。そして今、傷つき怒りに満ちたあなたは復讐を考える。パートナーに負わされた傷以上の苦痛を相手に味わわせてやろうとする。そして秘密兵器を取り出す。パートナーの心の奥底にある恐怖や不安を掻き立てるために何を言えばよいかは分かっている。彼女が心の奥底であなたが去ってしまうことを恐れているなら、離婚をちらつかせて脅せばよい。彼が性的な能力の衰えを感じているなら、彼がベッドでいかにダメかを持ち出す時だ。痛い、痛すぎる！

●弁護士の真似事をする

これは、言語能力が高く、ディベートを得意とする人々が好むやり方だ。パートナーの言葉をねじ曲げ、言葉尻をとらえ、あるいはそれを大げさに強調し、パートナーを馬鹿にする。

●死体を掘り返す

これは腐敗した亡骸を掘り返すような行為のことだ。かつてパートナーはあなたをひどく傷つけた。それはずっと以前のことで、すでに忘れ去られた出来事なのに、あなたはそれを安らかに眠らせてやったりはしない。弾丸が必要になると死体を掘り返し、相手に突きつける。「見ろよ、君が僕にしたことを」。これは非常にパワフルな戦術だ。古傷をかき回し、二人を更なる対立に引き込むこと請け合いである。

●ゴリラのごとく威圧する

シルバーバックゴリラが自分の縄張りを守っているのを見たことがあるだろうか？　大きなうなり声を上げ、胸を叩き、歯を剥き出しにする。人間でも同じことをする者がいる。物を投げたりドアを荒々しく閉めたりするのだ。こうした振る舞いはパートナーを恐がらせる。身体が大きく強そうであればなおさらだ。それは二人の間の信頼感、安心感を破壊する。

●自分のやり方に名前をつけよう

自分がよく使う戦術に名前をつけてみよう（パートナーが同意するなら一緒にやってみよう）。二人がよく使う戦術、あなたが好む戦術を見つけよう。あなたは気づくだろう、これらの戦術は論争に勝つためか、相手を傷つけることが目的で、パートナーへの優しさは微塵もない。パートナーとの大事な問題に取り組む時、気遣いやつながることなどの価値を中心にすえてみると状況はどう変わるだろう？　自分の戦術がいかに破壊的かに気づき、認めることはそれらを変える最初のステップだ。そしてまず、パートナーの戦術を見る前に、自分のを見ることが重要だ。なぜならあなたがコントロールできるのは自分の戦術だけだからだ。自分が戦術を変えると、往々にしてパートナーも変えてくるものだ。変えないようなら問題を口に出してみよう。ただし、怒りや恨みに突き動かされるのではなく、価値に従って言ってみよう。

■戦術：闘争か逃走か

パートナーと対立した時、瞬時に闘争・逃走反応が起こる。これも進化の結果だ。私たちの祖先が腹をすかした熊に出会った時、選択肢は二つしかなかった。一つは速攻で逃げる、もう一つは逆に攻撃することで危険を回避するかあるいは熊を殺す。いわゆる戦うか逃げるかである。

言い争いが白熱すると逃走モードが優勢になり、引き下がりたくなる。口論をやめて部屋を離れたくなる。パートナーが追ってきたり、あなたが部屋を離れるのを阻止しようとすれば、その思いはますます強くなる。あなたは閉じ込められ、攻撃を受けているように感じる。やがてついにあなたの堪忍袋の緒が切れる。この時点であなたは闘争モードに切り替わり、言葉で、あるいは暴力で相手を攻撃する。あるいは逃走モードに留まるかもしれない。だが実際にその場を逃げ出すより、心理的に逃げるのかもしれない。口を閉じて黙り込み、そっぽを向いて関わるのを拒否する。

一方、闘争モードに入ると、あなたはパートナーを追いかけ、勝ちを収めるか言いたいことを言いつくすまで口論を続けようとする。パートナーが引き下がったり黙り込んだりすると、あなたの怒りはさらに大きくなる。さらに、自動運転モードに入って感情にコントロールされるようになると、あなたはますます敵意に満ち、挑発的になる。逃げようとする相手を家中追い回したりする。また逃走モードでも、パートナーに捨てられる恐怖から相手を追いかけることがある。口論を丸くおさめようとして追いかけまわすのだ。

自動運転モードに入り、こうした原始的な反応に支配されると、あなたは延々と続く口論やケンカにはまってしまう。あるいは、片方が逃げ、もう片方が追いかける悪循環に陥ることもあり得る。そして双方がさらに興奮していく。

まずは戦いの動きを見極めよう。だれが追いかけ、誰が逃げているのか？　繰り返される争いの中での自分の役割を見てみよう。そしてそれが自分の価値に基づいているかどうか見極めよう。逃げようとするパートナーを追いかけることは、気遣い、尊敬、優しさなどの価値に矛盾しない行動だろうか？　またパートナーから逃げることは、つながる、協力する、あるいはしっかり自己主張する等の価値に沿う行為だろうか？

シンプルな答えなどないことも理解しよう。一方が正しく、もう片方が間違っているなどということはないのだ。逃げるのはやめるべきだというわけでも、追いかけてはいけないというわけでもない。要は、その関係において最良のバランスを見つけることだ。それはカップルそれぞれで異なる。ただ、同じパターンを壊すためには、普段逃げる方はなるべく留まり、追いかける方もなるべくやめることだ。二人がLOVEを実践することに賛成であれば、それはずっとたやすくなる。理想的には二人がその物語を手放し、心を開き、感情に居場所を作ってやり、価値につながり、現在に集中することだ。

■パートナーが乗り気なら

次のエクササイズには心を開き、正直に話すことが含まれている。あなたがしゃべっている時、温かみと心が開かれた状態を伴っていることを確認しよう。戦いで得点を得るためではなく、二人のつながりを強めるために話し合っているのだ。パートナーが話している時にはマインドフルに聞こう。鋭いコメントで相手を遮ってはいけない。パートナーが自分のヒーローか、尊敬する人、あなたが話を聞けて光栄だと思える人物であるかのように傾聴しよう（もし心が「馬鹿馬鹿しい！」と言ったら、その思考を手放そう。それにしがみつくとどうなるか、あなたは分かっているはずだ）。パートナーとしっかり向き合う練習をしよう。相手の声、顔、ボディーランゲージに注目しよう。

■エクササイズ：あなたの闘争戦術

ケンカの時に二人が使っている戦術について話し合おう。まず自分の戦術を認めるところから始めよう。「僕が君とのケンカに勝ちたい時、いつもこれをするんだ」。それらを日記やワークシートに書き出しておけば、後で確認することができる。もしかするとこれらの戦術の楽しい名前を思いつくかもしれない。それぞれがリストを完成したら、パートナーに他の戦術を加えてもらおう。こんなふうに言ってみよう。「オーケー、僕の戦術を思いつくだけ書き出してみたよ。他に何かあったかな?」。パートナーの言うことが気に入らなくてもユーモアを失ってはいけない。「ウソだ、そんなこと言ってない!」「もう何年もそんなことしてないぞ!」などと言って防御する必要はないのだ。それよりも「へぇ! そんなことしたっけ? 思い出せないよ」とか、「あ、うっすらと覚えてるよ。ずっと前のことみたいだけど」などと言ってみよう。

■エクササイズ:自分のよくやる戦術と基本ルール

あなたがよく使う戦術について話し合おう。あなたの理想の基本ルールは何か? それぞれ、以下の四つの文章を完成させてみよう。

私たちがケンカした時……

●私が~するのをあなたに受け入れてほしい。
●私は自分が~するのをやめたい。
●あなたが~するのを私は喜んで受け入れる。
●あなたに~するのをやめてほしい。

■エクササイズ:追いかける・逃げる

追いかけることと逃げることについて話し合おう。これを機にパートナーへの理解を深め、思いやりを育てよう。それは簡単ではないかもしれないが、パートナーにあなたの気持ちを知ってもらうのは大事なことだ。

● 逃げる方：逃げる直前、何を感じる？　なぜ逃げる？　相手が追いかけて来たらどう感じる？

● 追いかける方：相手が逃げる時どう感じる？　なぜ追いかける？　追いかけている時何を感じる？

パートナーの立場に自分を置いてみよう。どんな気持ちがするか真剣に考えてみよう。あなたが想像する相手の気持ちをできる限りパートナーに伝えてみよう。あなたの想像がどのくらい正確か聞いてみよう。

■決めるのはあなた

人生は常に理想的なわけではない。パートナーは喜んで協力してくれないかもしれない。状況を変えようとするあなたの試みを馬鹿にするかもしれないし、今までと違うことをするのを頑固に拒絶するかもしれない。もしそうなったらあなたは幻滅し、フラストレーションを感じるだろう。だがそれでもすべてが無駄というわけではない。あなたは自分の行動をコントロールできるのだ。心理的柔軟性はあなたに自由をくれる。あなたが完全に今に集中している時、自分の体験に心を開いている時、役に立たない思考から解放された時、そして自分の価値とつながっている時、あなたには選択する自由があるのだ。今までと変わらない行動を選ぶか、それとももっと役に立つことをするか？　正しいか間違いか、良いか悪いか、という分け方は存在しない。ただ選択があるだけだ。あなたは逃げるか、それとも留まって話をするか？　パートナーを追いかけるか、それとも好きにさせるか？

どちらを選ぼうと、その結果に注意を払い、何が起こるか見てみよう。もし結果が役に立つものであれば今後も続けよう。そうでなければＬＯＶＥ――思考を解き放つ、心を開く、価値に基づいた行動をする、現在に集中する――を基準にして何ができるか考えてみよう。ケンカのあとは必ず以下について考えてみよう。

●あなたはどんな物語にはまったか？　それを解き放つことを考えたか？
●どんな感情が最も厄介か？　それに心を開き、居場所を作ってやったか？
●あなたの言ったこと、あるいはしたことの何が状況を悪くしたか？　またケンカになった時に役に立ちそうな、価値に沿った行動は何か？
●自動運転モードに陥ったり、心に囚われたりしたか？　この次ケンカになったら、どうやってもっと現在に集中するか？　地に足をつけ、集中し、現在に意識を置くために何ができるか？

■保証はない

ＬＯＶＥに基づいた態度はまず間違いなく口論の結果を良くし、対立によるダメージを減らす。だが現実的になることも重要だ。パートナーがあなたの望む反応をする時もあれば、しない時もある。真剣に問題を検討する時もあればしない時もある。違いを認め合ってどちらも納得する結果になる時もあれば、ならない時もある。望み通りになればあなたは満足するが、そうでない時は機嫌が悪くなる。あなたはこうした感情に喜んでスペースを作ってやることができるか？　できないならば、あなたは現実と戦い続けることになる。そしてその戦いは必ず現実の勝利に終わる。

第16章　優しく頼むことの力

あなたが世界の支配者だとしよう。パートナーに対しても絶対的な力を持っている。相手は、どんなものだろうとあなたの命令にはすべて従わなければならない。さて、あなたはパートナーに優しく頼むだろうか、それともただ命令するだろうか?

二人の関係がどうなろうとまったく気にしないなら、パートナーの感情などまったく気にかけないなら、相手があなたをどう思うかに少しも関心がないなら、優しく頼むことなどしないだろう。それはまったく無意味なことだ。

だがパートナーの感情を気にかけるなら、相手に好かれるかどうか気になるなら、話はまったく違ってくる。あなたは気を遣って慇懃に頼むだろう。たとえそうする必要がなくても。

あなたは世界を支配しているわけではなく、パートナーに対して絶対的権力を持っているわけでもない。だが、自分が他者にどう話しかけるかについては完全な権限を持っている。優しく話しかける必要はない。だが相手の感情を気遣うなら、自分に対するパートナーの感情を気にするなら、あなたはその辺を賢く考慮するだろう。

■自分の体験をチェックしよう

私を信じてはいけない。自分の体験を振り返ろう。あなたが独裁者のごとく振舞い始めた時、パートナーに主張し、要求し、あれこれ命令する時、パートナーを怒鳴りつけ、叫び、辛辣な言葉を投げる時、高飛車な態度で指図する時、何が起こるか観察しよう。相手はそれを好むだろうか？　こういうやり方で接すると、パートナーは抵抗するか、攻撃するか、逃げるだろう。仮に従ったとしても腹立たしさは残る。懇願する、脅す、泣き言を言う、すねるなども同様だ。

こうした戦術に〝間違い〟〝悪い〟はない。単にうまくいかないだけだ。必要性を満たすための最も基本的な原則の一つは、優しく頼む、それだけである。優しく頼むというのは、せがんだり懇願するのとは違う。単に礼儀正しく頼むことだ。あなたには誰かにものを頼む権利がある。そして、あなたのパートナーも、礼節をもって話しかけてもらう権利があるのだ。要求も脅しも、暴言も侮辱もない優しい頼み方をしよう。多くの人々はこれを難しく感じる。以下に挙げる物語を手放せないのだ。

「頼むなんておかしい。彼は自発的にやるべき」
「優しく頼むのはもううんざり。彼女は絶対聞かないんだから」
「なんで優しく頼まなきゃいけないの？　彼にはそんな資格はない」
「優しい口調で頼んだら彼女は僕のことを無視するよ。僕が怒らないと彼女は同意なんかしない」

あなたはこうした物語を喜んで手放したいだろうか？　これらはある程度の事実を含んでいるかもしれない。いや、完全な真実かもしれない。だがそれにしがみついたところで何かうまくいくことがあるだろうか？　過去に何が起きたにせよ、あなたの必要を満たし、長く続く健全な関係を築きたければ優しく頼むことである。やり方はいくらでもある。最初にまず褒める、感謝を述べる、あるいは両方でもよい。「ねえ、いつも綺麗に片付けてくれて感謝してるよ。簡単なことじゃないのは分かってる。でもお陰でとても気持ちよく生活できるよ」。さて次に、要求の切り出し方だが、こんな言い方をしてみるといい。「～をしてくれたら本当に助かるんだけど」「～してくれたらうれしいんだけど」あるいは「～をしてくれたら本当に感謝するよ」「～してくれることは僕にとってとても大事なんだ」等。

このやり方をサラに提案した時のことを話そう。

サラ「でもそれじゃ嘘になる。スティーブが子供たちを寝かしつけてくれたとしても感謝の気持ちなんて湧かないから。彼はやるべきことをやってるに過ぎないのに、感謝なんてできる？」
ラス「君はしっかり握りしめているようだね」
サラ「何を？」
ラス「『スティーブは私の望むことをしてくれるべき』という物語をさ」
サラ「（びっくりして）彼はやりたいことをやっていいって言うわけ？　ビールを飲んでテレビの前に座り込んで、家事は全部私任せで良いと？」
ラス「そんなことは言ってないよ。こう考えてみてほしい。スティーブに子供を寝かしつけて欲しくて、更に良い関係も築きたいなら、一番うまくいく方法は彼があなたの望むことをした時に感謝するか、『そろそろ家事をする時間じゃない？』みたいな頼み方をすることだよ」
サラ「でも、私が頼むことじゃない。彼は黙ってやるべきよ」
ラス「サラ、君に同意する人は地球上に何百万といるだろう。でもこれは正しいか間違いかという話でも、真実か嘘かの話でもない。問題は有効かどうかだ。君がその信条にしがみつき、そのせいでスティーブへの話し方が影響されるようだと、二人の関係にプラスになると思うかい？」

サラ「(ため息をつきながら) いいえ……」

自分の中の「すべき」を手放すのは難しい。だが私たちの関係を元気にしておくためには、せいぜい軽く握っておくくらいがちょうどいい。なので、こうした物語が現れたらそれに囚われることなしに、自由に行き来させよう。そして心のささやく「すべき」ではなく、実際に有効な行動をしよう。

だがあなたの頼みに彼女がノーと言った場合は？　あるいは彼がそれを無視した場合は？　彼女がからかいで返してきた場合は？　口ではやると言って彼がやらない場合は？　がっかりしたりムッとしたりするのも無理はない。さらに心はあらゆる役に立たない物語をつぶやき始める。だがここが一番大事な局面だ。こういう状況でLOVEを実践できるか、役に立たない思考を手放し、心を開き、感情の居場所を作り、価値に基づいた行動を取り、現在に集中できるだろうか。それが可能ならあなたはかなり良い状況にいる。心理的柔軟性があれば選択肢も多くなるのだ。

●穏やかに、尊敬の念を持って辛抱強く要求し続けることができる。
●自分にとってそれがいかに大事か、どんな意味を持つかを説明し続けることができる。
●話し合って双方の必要性を満たすウイン・ウインの解決法を模索することもできる。
●何らかの取引をすることもできる。「あなたがこれをしてくれたら私はお返しに何かをする」と。
●妥協することもできる（妥協はたいてい双方に不満が残るが、全面戦争よりはずっとよい）。
●穏やかに、尊敬の念を持って、パートナーに自分が感じていることを告げることもできる。自分は不快感を持っている、落胆している、悲しい、フラストレーションを感じているなど。「私はとてもムカムカしてる。お皿を洗うって言ってたのにやってくれないから」（覚えておいて欲しい、ここで叫んだりキレたり、侮辱したりするといつもの言い争いになってしまう。「穏やかさと尊敬の念」が勝利のカギだ）。

●今日のところはやめておこう、という判断も可能だ。とりあえず手放して、やはりそれが重要に思えるなら後日再び持ち出せばよい。

これらの戦術はパートナーに対して心を開き受容する準備がある時、尊敬の念を持って相手に接する時のみ有効だ。ここでもカギはマインドフルネスだ。錨を下ろして現在に集中していなければ自己破滅的なことを言ったりしたりする可能性が高い。役に立たない思考と結合したり強い感情に押し流されてしまうと、叫んだり、価値判断したり、批判や懇願、泣き言、脅し、あるいはパートナーを軽蔑したり、といった行動に走りやすい。結果はよくご存じの通りだ。

もちろんこれらの提案は、すべてあなたの選択次第だ。これらはよく使われる方法の一部に過ぎない。カギは、マインドフルでいることと価値を基準に考えることだ。それさえできれば様々な試みが可能だし、その結果を観察して一番有効な方法を発見することができる。

■感じよく返答しよう！

パートナーが要求を感じよく伝えてきたら、感じよく返答するほうが得策だ。要求自体は気に食わないものでも、キレたりぼやいたり、攻撃したりする必要はない。礼儀と尊敬の念を持ってノーと言えばよいだけだ。だがパートナーの要求を受け入れる場合は喜んで引き受けよう。嫌々、または腹立たしそうに受け入れると長い間には緊張や摩擦を引き起こす。彼女にあれこれ言われるのを避けるために、あるいは彼の小言を止めるために何かをするのでは大きな不満が残る。それよりも、気遣いや貢献といった自分の価値に基づいた愛の行動としてする方がずっと実りが多い。その行動がどんなにパートナーの助けになるか、彼女の健康や幸福、やる気に寄与するかを考えてみよう。そして、それを気遣いの行動として喜んで行おう。たとえそれが面倒なことだったとしても。やってみると我慢しながらお義理にすることではなく、とても充実した作業だったりする。だが私が言ったからといって信じてはいけない。まずやってみよう。そして自分の経験を信じてほしい。

■フワフワの子犬と獰猛なサメ

もっとも近しい関係において、あなたの役回りは子犬だろうか、それともサメだろうか？　この質問はオーストラリア、キャンベルのグループカウンセラー、トニー・ウォーレスのものだ。彼はクライアントが自分の態度を認識するのを助けるためにこの質問をする。これについてちょっと考えてみよう。

子犬との関係とはどういうものだろうか？　この小さな犬はたった一つのことしか眼中にない。あなたである。子犬はあなたと一緒にいること、あなたを喜ばせることだけが望みだ。あなたがドアを開けると子犬は熱狂的に喜ぶ。飛び上がり、尻尾を振り、あなたを舐めようとする。あなたに飽きることは決してなく、冷たい態度をとることもない。そしてあなたが去る時はいつもがっかりする。あなたは子犬を無視することも、飢えさせることも、ぶつことさえできる。それでも子犬はあなたと一緒に居たがる。あなたを愛し喜ばせようとする。子犬は自分が必要とするものにほとんど興味を示さない。常に与える存在だ。

では、サメとの関係はどんなものだろうか？　これはひどく難しい。サメはあなたのことをまったく顧みない。興味があるのは自分の欲しいもの、つまり食べ物だけだ。餌をたくさんやればあなたに構わないだろう。だが餌をやらないとあなたは朝食にされてしまう。サメと仲良くなろうとするのは時間の無駄である。

健全な人間関係では、私たちはこの極端な二つの例の間でバランスをとる必要がある。もし関係があなた中心で、あなたの必要なもの、欲しいもの、あなたの欲望がすべてであれば、パートナーはあなたをサメだと考えるだろう。相手はあなたに食べられないために、常に餌を与え続ける。しかしあなたからは何も得られない。一方、二人の関わり合いのなかで相手を喜ばせることがあなたにとってすべてであり、自分が必要とするものをないがしろにするなら、あなたはやがて自分を救いのない子犬のように感じ始めるだろう。そして相手が巨大な白いサメに見えてくる。

片方が完全なサメでもう片方がまったくの子犬ということはほとんどない。誰もが自分の中に二匹の動物の要素を持っている。そして私たちの多くが、二つの要素のより良いバランスを見つけることで自分とパートナーそれぞれが必要とするものに目配りできる、慈悲深く気遣いのある人間になれる。

関係の中で、あなたがサメになっている部分はないだろうか？　あなたはしばらくの間は必要なものを得られるかもしれない。だが長期的には二人の関係にどんな影響を与えるだろうか？　あなたはパートナーの感情、相手があなたを好きかそうでないかを気にするだろうか？　気にするなら、どんな「すべき」をあなたは手放す必要があるだろう？　そして何を喜んで受け入れる？　サメモードから抜け出すためには、気遣い、与えること、優しさ、援助、平等、そしてパートナーへの尊敬などの価値につながる必要がある。それは子犬になることではない。自分と同時に、パートナーの健康や成長、幸福に投資することだ。

次に、あなたは関係のどの部分で子犬を演じているだろうか？　そしてそのために、長期的にどんな代償を払っているだろうか？　子犬の役割は短期的な利益をもたらしているかもしれない。拒否され捨てられる恐怖を避けるとか、傷つくのを避ける等の恩恵があるかもしれない。対立がもたらす不安を避けられるのかもしれない。だがそれは健康や活力の面で大きな重荷となる。あなたは疲れ、抑圧され、イライラし消耗する。子犬モードから抜け出るためには、自分を尊重する、育む、自己に忠実である、健康に留意する等の価値につながる必要がある。もちろんサメに変身しろと言っているのではない。単純に、パートナーの健康と幸福と同様に、自分の健康と幸福を気遣うことなのだ。

■パートナーが乗り気なら

このエクササイズは、あなたとパートナーが自分の望むことを相手に伝えるスキルを高めるために作ったものだ。

■エクササイズ：要求することを学ぶ

パートナーからどんなふうにものを頼まれたいか、お互いに説明する。どんな言葉、どんな身振りや表情、声のトーンならば、あなたから（a）イエスまたは（b）ノーを引き出しやすいか？

■エクササイズ：あなたの言動の代償

自分にとってどんな言動がサメ的か子犬的か、パートナーと話し合おう。目的は「あなたの態度」を判定し、話し合うことだ。あなたのパートナーの態度ではない。長い間にあなたがどんな代償を払っているかについても語り合おう。あなたの次はパートナーの番だ。

パートナーの話を、心を開き好奇心を持ってマインドフルに聞こう。話を遮っても自分の意見を言ってもいけない。防御的になるのも批判するのもやめよう。口論や異議を唱えることもご法度だ。このエクササイズはパートナーの世界と、パートナーが自分自身をどう見ているかを知る機会と考えよう。

二人とも乗り気であれば、もう一歩踏み込んでパートナーにフィードバックを貰おう。パートナーはあなたの自己評価に同意しているか、していないか。このエクササイズは気をつけてやって欲しい。あなたがマインドフルでないと、すぐに言い争いになってしまう。

「愛こそすべて」は本当か？

ビートルズの「愛こそすべて」という大ヒット曲がある。これは美しい意見だ。だがどの程度現実的だろうか？　それはあなたが愛をどう見ているかによる。ＬＯＶＥ——思考を解き放つ、心を開く、価値づけをする、現在に集中する——は心理的柔軟性を育てるために真っ先にすべきことだ。不快な感情に居場所を作ってやり、役に立たない思考を解き放つほど、心理的に現在に集中するほど、価値に沿った行動をするほど、健全な関係を作り上げることができる。

ただし、心理的柔軟性だけでは充分ではないかもしれない。コミュニケーションや交渉、問題解決、自己主張、対立の解消、もしかするとアンガーマネジメント（怒りを抑えるための心理的手法）なども学ぶ必要があるかもしれない。これらは本書の範疇を超えている。これについては、マシュー・マッケイ、パトリック・ファニング、キム・パレグの著作、『カップル・スキルズ』（未訳）を一読することを強く勧める（巻末の参考文献とお勧めの本のリストを参照）。この本は関係性についてのカウンセリングで教える最も一般的な手法のシンプルで段階的なガイドだ。自分の価値に従って新しいスキルを学び、使う場合、その行為は「価値づけ」となる。そういう意味では「そうだ、愛こそすべて、だ！」と言える。しかし、あなたの必要なものが必ず得られるとは限らない。だがその事実を受け入れるのはとても難しい……。

第17章　欲しいものがいつも手に入るとは限らない

パートナーから得たい一番大きなものは何だろう？　愛情、理解、親密さ、尊敬、承認？　もっと多くのセックス、手助け、支援、より多くの社交の機会、それとも家族との時間？　もっと心を開いて感情を共有してほしい？　もっと真剣に話を聞いて一日の出来事について尋ねてほしい？　もっと落ち着いてほしい？　もっと気楽に接してほしい？　もっと頻繁にセックスに誘ってほしい？

あなたの望みが何だろうと、結果はあなたがそれを得るか、得ないかしかない。二人の関係が良くなるにつれ、あなたはＬＯＶＥ——思考を解き放つ、心を開く、価値づけをする、現在に集中する——を実践し、感じの良い頼み方ができるようになり、結果として必要なものが手に入ることが多くなる。だがそれでも人生の基本的な事実は変えられない。「欲しいものがいつも手に入るとは限らない」のだ。

■感情の取り扱い方：いくつかの役に立つ戦略

欲しいものと手に入るもののギャップが大きいほど、受ける傷も大きくなる。ギャップが小さい場合は失望やフラストレーション、憂鬱、不安、拒否などを感じるだけだ。だがギャップが大きいと、怒り、恨み、ジェラシー、悲しみ、後悔などが現れる。ギャップがさらに大きいと、激怒や苦悩、絶望、パニックなどに襲われる。

こうした感情が現れるのを防ぐことはできない。これらは人間の通常の反応だ。それが現れた時にあなたが自動運転モードだった場合、あらゆる自滅的な行動を取ってしまう。そこで、これらの感情が起こった時はすぐに錨を降ろし、以下の方法を一つ、場合によっては複数試してみよう。

●現在に集中し、深い呼吸をし、意識を心から体に移そう。
●その感情に名前をつけよう。そしてそれに心を開き、居場所を作ってやろう。
●心がささやく物語に意識を向け、それに名前をつけよう。
●足を床にしっかりつけ、あたりを注意深く見まわし、自分がいる場所、していることを認識しよう。
●自分に話しかけよう。「私はひどく腹を立てているが、それに居場所を作ってやれる。呼吸し、現在に集中する。自分の感情はコントロールできないが、行動はコントロールできる。さて、どんな価値に基づいて行動しようか？」

一つ注意したいことがある。あなたの心はこのギャップを必要以上に大きくしてしまう可能性がある。こんなことを頼まなきゃならないのはおかしい、とささやくかもしれないし、こんな苦労をしなくてもよいはずだ、と言うかもしれない。他の人のパートナーはこんなに自分勝手ではない、とか、相手が私のことを愛しているなら頼みは何でも聞いてくれるはずなのに、とつぶやくかもしれない。欲求や欲望が満たされない時の失望とフラストレーションは避けようがない。だが激怒や自棄、パニック、苦悩などは、あなたが役に立たない物語に囚われようとしているサインであることが多い。もしそうなら何をすべきか分かっていると思う。一歩下がって心の言うことを理解しようとしてみよう。ギャップがあることを認めると同時に、心がそれを増幅していないかチェックしよう。あなたの心はどんな役に立たない物語をささやいているか？　それに名前をつけて手放すことは可能か？

　マインドフルネスはこのギャップを追い払うことはできない。あなたの反応の仕方を変える手助けをするだけだ。物語との融合（フュージョン）はあなたをギャップに引き込み、縛り付ける。囚われたあなたは自分の思考と感情に押し潰されてしまう。マインドフルネスはあなたがギャップから逃れ、それを認め、それの居場所を作ることを可能にする。ギャップの中にいるとあなたは身動きがとれない。ギャップの外では自由に動ける。思考を解き放つこと、心を開くことを練習しよう。ここで以下の質問に答えてみよう。

●欲求を満たすための他の方法はあるだろうか？
●パートナーが頼みを引き受けられないか嫌がる場合、どうすれば自分で欲求を満たせるか？
●家族や友人といった他の人々に欲求を満たしてもらうことはできないか？

■戦略の実行：アリスとジムの場合

　アリスはジムとの刺激的な会話を望んでいる。だがジムは機嫌が良い時でさえ口数が少ない。彼の会話の能力は彼女の足元にも及ばない。彼の興味は政治とスポーツだが、彼女はどちらにも興味がない。過去何年も価値判断や批判を繰り返し、「他の人と付き合っていたら人生がどんなに充実しただろう」とくよくよ考えることに膨大な時間を費やし、自分のコントロールの及ばないこの問題がもたらすフラストレーションと怒りに散々苦しんだ後、アリスは感情を手放すことを学んだ。

　彼女は今、「ジムがもっと会話をしてくれれば人生がより良くなっていた」という役に立たない物語を手放すことを覚えた。ジムを友達の夫と比較するのをやめた。自分の不満に油を注ぐだけだと気づいたのだ。彼女の心が価値判断や比較、批判をしなくなったわけではない。それらの「物語」にしがみつくのをやめ、自分が物語に囚われた時にすぐに気づき、それから離れることを学んだのだ。今でも時々不満や絶望に苛まれる。しかし、もうそれらに支配されることはない。感情に心を開き、居場所を作ってやることができるようになったのだ。

また、彼女は自分に必要なことを無視しなくなった。刺激的な会話がしたいという自分の欲望を認め、それを満たせる場所を探した。今、彼女は話のできる多くの友人を持ち、多くの時間を彼らと過ごしている。彼女の行動はジムを話し好きにすることはなかったが、二人の間の無意味な緊張はなくなった。

現実問題として、あなたのパートナーはあなたの欲求すべてを満たしてはくれない。望みを叶えようとすることに問題はない。だが結果に対してはマインドフルになろう。抱えている問題に固執すると、望みを実現しようとする努力があなたを傷つけ始める。大切なのはその転換点を見極め、問題を手離すことだ。何度かトライして失敗するのは仕方ない。あなたは何度も間違えるだろう。それでも挑戦し続け、ベストのバランスを見つけよう。子犬になってもドアマットになってもいけない。あなたはエネルギーを失うだけだ。だがサメや破城槌になるのもまずい。それは確実に関係を壊す。ほどよいバランスを見つけるのだ。

■価値と欲求

願望と得るもののギャップが大きくなり過ぎた時に役立つのは、パートナーとしての根本の価値に立ち戻ることだ。手短に説明しよう。価値は心のもっとも深い部分にある欲望、あなたがこの惑星に存在するあいだ一番したいこと、支持したいもののことだ。価値そのものに良い・悪いはないが、人間関係を良好にする価値は存在する。愛、気遣い、つながること、貢献、協力、正直さ、そして尊敬などだ。しかし忘れないでほしい、価値とは、自分がとりたい態度、とりたい行動だ。あなたがしたいこと、続けていきたいことだ。

あなたにとって「尊敬」はとても大事だとする。そこで自問してみよう。「そのために私は何がしたいか?」。以下は答えの例である。

- 他者に尊敬をこめて接する。
- 尊敬をもって自分に接してほしいと他者に頼む。
- 彼らが尊敬をもって接してくれたら感謝する。
- 尊敬を重んじる人々と関係を築く。
- 自分に無礼な態度を示す人々と会話したり交流するのをやめる。
- 尊敬することの重要さを話し合う。

さて、ここまでであなたは何かに気づいたかもしれない。あなたはいつでも、これらの価値のどれでも基準にして行動できる。あなたが尊敬されるかどうかには関わりなく、これらの価値に沿った行動は可能なのだ。

価値と欲求は全く違うものだ。価値はあなたがしたいこと、一方、欲求はあなたが得たいものだ。以下は尊敬に関係した欲求である。

- パートナーから敬意をもって扱われたい。

● パートナーに、私の望みに敬意を払ってもらいたい。
● パートナーに、私の意見に敬意を払ってもらいたい。

これらはすべて、あなたがコントロールできることではないのに気づいてほしい。パートナーをこれらに従わせる方法はない。礼儀正しく頼んでみることはできる。強引に頼むこともできる。冷笑しながら頼むことも、怒鳴ることも、懇願することも、虐待することもできる。離婚をちらつかせて相手を脅すことも、本当に離婚してしまうことも可能だ。だがパートナーを思い通りにするのは不可能だ。

これが私たちの現実だ。自分の行動はコントロールできる。だが結果についてはコントロールできない。欲求を満たす可能性を高めることは可能だが、それも自分の行動をコントロールして感じよく頼んでみることくらいしかできない。

なぜなら思い通りになるのは自分の行動だけだからだ。以下は、私がしばしばクライアントに勧める四段階のプランだ。

1. 欲求を満たすため、有効性のある(自分のプラスになる)様々な戦略を実行してみよう。
2. 思いつくすべての有効な戦略を試し、それでも欲求を満たせないなら、留まるか去るかの決断をしなくてはならない(第3章をもう一度読んでみよう)。
3. 留まると決めたら、あなたにできる最良のことはアクセプタンス(受容)を実践すること、それを最大限に利用し、自分の価値に従って生きることで人生を豊かにすることだ。
4. 最悪のやり方は、関係に留まるが現実を受け入れないことだ。最高の結果を引き出し価値に従って生きる代わりに、恐れたり思い悩むことに時間とエネルギーを費やし、過去のことをあれこれ考え、ケンカをし、文句を言い、批判し、問題についてくよくよ考える。ドラッグやアルコールを使用し、過食し、やたらと心配するなどだ。

■戦略を実践する：アントニオとマリアの場合

アントニオとマリアは中年のカップルで、すでに成人した三人の子供がいる。マリアは週に少なくとも一回はセックスをしたいと思っている。だがトニーは月一回くらいがいいと考えている。マリアは彼に文句を言ったり、懇願したり、悪態をついたり、セクシーな格好をしたり、はっきりと要求したり、「男としての義務」を思い出させようとしたり、友人たちのセックスライフについて説明したり、彼と友人たちの夫を比べたり、愛されていないと感じていると伝えたり、自分が「女性」であることを実感させてほしいと頼んだり、ありとあらゆることをした。彼女はこれらを何年も続けたがまったく何の効果もなかった。それどころかマリアがプレッシャーをかけるほどアントニオはセックスに対する興味を失い、回数も減っていった。

セックスに関するマリアの価値を見てみると、こんなものがあった。

- 性的快感を生み出す。
- 官能的な経験を創造する。
- 深いレベルでつながる。

これらは価値であり、欲求ではないことに注目してほしい。どれも自分で行うことであり、得るものではない。

次の段階は共同で行うブレインストーミングだ。満たされない欲求にフォーカスするのをやめ、これらの価値についてマリアが行動可能なことをできるだけ多く考えた。以下がこの時出たアイデアだ。

●性的快感を生み出す。

マリアはこの価値をアントニオなしで、マスターベーションによって実現できることに気づいた。実際、多くの女性が実際の性行為よりもマスターベーションの方が快感が大きいことを報告している(Hite 1976)。

●官能的な経験を創造する。

マリアはこれも自分だけで可能だと気づいた。マッサージ、スパ・バス、美顔などだ。

●深いレベルでつながる。

マリアはセックスとは無関係に深く接続する様々な方法を思いついた。日記を書く、瞑想する、ヨガをする、マインドフルな呼吸をするなどだ。また友人や親戚と親密な関係を築くことによっても深いつながりは実現できた。更には手をつなぐ、寄り添って、心が触れ合う意味深い会話をするなどで、アントニオともセックスなしで深くつながることができた。

ブレインストーミングを終えた私は、セックスに関するマリアの価値に沿った行動で、すべてをまとめてみた。だが彼女の最初の反応はあまりポジティブなものではなかった。以下はその時の会話だ。

マリア「(不満そうに)ええ、他に色々な方法があることは分かった。でもそれは実際のセックスとは違うわ」

ラス「もちろん違う。はっきり言ってまったく違う。そこにまず大きなギャップがあることを認識しよう。自分が持っているものと、欲しいもののギャップだ。君と同じ境遇の人々は普通どんな感情を持つと思う?」

マリア「たぶんフラストレーションかな」

ラス「その通り、フラストレーションだね。他に失望、悲しみ、怒り、拒否された感情や孤独感などもある。これらは皆正常な感情だよ。欲しいものと得たものにギャップがある時、私たちはそれを感じる。では、こうした感情が現れた時、私たちは何をすべきだろうか? 感情の中でもがき、抵抗し、感情にされるがまま操り人形になるのがいいのか。それとも感情に居場所を作り、好きなように振舞うのを許し、自分の価値に沿って今・ここに生きることに集中するほうがいいのか。どちらが有効性が高いと思う? どちらが生活の質を向上させるだろうか?」

マリアはすぐに「有効な行動をすることはしばしば不快感を呼び起こす」ということを理解し、私はほっとした。マリアのように、特定の欲求を手放す場合、心地よさを感じることは少ない。少なくともしばらくの間は。恐らくあなたは不快な思考や感情に居場所を作る必要に迫られるだろう。そしてあなたの心は役に立たない物語を山ほどささやいてくるだろう。「これはフェアじゃない」「何で彼はこうなの?」「もし〜であったなら」「なんで私が〜をしなければならないの?」。こういう思考が次々現れるのを止める方法はない。あなたにできるのは、それにしがみつくか手放すかの選択だけだ。しっかりつかめばそれはすぐに霧になってしまう。手放せば霧はすぐに晴れる。

マリアがセックスの欲求を手放してしまうと状況はドラマチックに変化した。一度プレッシャーがなくなると、アントニオはずっと協力的になった。マリアがセックスを要求するプレッシャーをかけない限り、親密で官能的な経験に対して心を開くようになった。彼らはより頻繁にマッサージやスキンシップ、キスをするようになった。二人がスキンシップやキス、そして会話によってセックスと同様の深いつながりを持てることにマリアは驚き、そして喜んだ。二人はまた、マリアの欲求が非常に高まった時はアントニオにプレッシャーをかけるよりもマスターベーションをするということで合意した（これに関しては、二人ともいくつかの役に立たない物語を脱フュージョンしなければならなかった）。

■魔法の杖はない

さて、魔法の杖は存在しないということが分かってもらえたと思う。だが、あなたが自分の欲求から距離をとり、代わりに自分の価値について考えれば、しばしば有効な解決策が見つかる。だがいつも簡単には行かない。いやむしろ非常に難しい。欲しいものと得られたもののギャップが大きいほど、その差を受け入れることは困難になる。特にパートナーに裏切られたり傷つけられたりした時はそうなる。なので、次の章では裏切り、信頼、憤慨、そして許しについて考察する。だがその前に、自分の欲求を満たすためのもう一つの重要な要素について見ていこう。それはあなたの関係だけでなく、幸福感や満足感にも大きな影響を与える。そしてそれはあなたにあることを迫る……。

第18章　目を開けよう

子供「（食べ物のお皿を押しやり）食べたくない」
母親「（怒って）アフリカの子供たちは貧しくて飢えてるのよ。一年中、こんなにたくさんの食べ物があることなんてないんだから」
子供「じゃあその子たちにあげたら？」

母親とこういうやりとりをしたことはないだろうか？　私はある。子供は往々にして感謝しない。だが大人だって似たようなものだ。自分が持っているものにどれくらい感謝しているだろうか？　私たちは多くのものを当然のように受け止めている。

■失って初めてありがたさに気づく

数年前、私の友人の首に癌ができた。彼は回復したが、放射線治療のせいで唾液腺が破壊され、口の中を湿らせておくために一日中ガムを嚙んで唾液を出さなければならなくなった。あなたが自分の唾液に感謝しなくなったのはいつだろうか？　それはあなたの口を円滑にし、食べ物を湿らせ、消化を助ける。だがあなたがその存在を意識することはほとんどない。なのに、口の中が乾いたとたんに、それがなくなったことに気づくのだ！

では、体の免疫システムに最後に感謝したのはいつだろうか？　それはあなたが健康でいられるように、一日中エンジン全開であらゆる種類と大きさの黴菌を掃除してくれる。だが私たちはそれを当然と思っているのではないだろうか。ウィルスに冒されるまでは。そうなって初めて私たちは目が覚める。その存在がどんなにありがたいかを思い知るのだ。そして、病気が治った時に、私たちはどんなにうれしく思うだろうか？　丸一日、あるいは二日間は自分の健康と幸福に感謝するだろう。だがその後はあっという間に、再び当たり前のことと考えるようになる。

実際、私たちは人生のあらゆる面でこれをしている。けがをするまで自分の手はあって当然と考える。メガネが必要になるまで目がよく見えるのは当然と考える。記憶がおぼつかなくなるまでものを憶えられるのは当然と考える。私たちは、これらが私たちの生活に大きく貢献している事実と、それに対する感謝を忘れているのだ。手や目、そして記憶力がなかったら私たちはどうなってしまうだろうか？　私たちは時折目の見えない人や手足を失った人に会う。認知症の親戚を訪ねる。その時は自分の境遇に感謝する。だがそれは長くは続かない。

数週間前、私は土手を散歩していた。私は突然自分が年取っていくという思考に囚われた。「以前の私はずっと速く歩くことができた。だが今は膝が軋み、背中が痛む。しかも私はまだ四十二歳だ！」。私は杖を持った老人が私に声をかけてくるまで彼がいることに気づかなかった。彼は笑いながら叫んだ。「あんたみたいに速く歩けたらなあ！」。その言葉は文字通り私の動きを止めた。私は笑い、四十二年間この惑星を闊歩（かっぽ）した二本の足がいまだに力強く私を運んでくれている事実に驚嘆しながら、それまでと違う気分で再び歩き始めた。

■私たちは認められ感謝されたい

さて、この話が人間関係とどう結びつくのだろう？　あらゆる点で結びつく。誰かに無視された時、拒絶された時、取るに足らない存在のように扱われた時、あなたはどう感じるだろうか？　一皮むけば私たちは皆同じだ。私たちは皆、認められたいし、与えた分だけ感謝されたいのだ。誰かから感謝された時、自分は価値ある存在だと感じる。自分の努力が認められ、貢献した満足感を得られるのだ。だが相手が感謝を示さないと、イライラ、失望、孤独感、悲しみ等、あらゆる感情が沸き上がる。自分の行為は他人にとって大した意味がないように感じる。

感謝（appreciate）という言葉はラテン語で「～に」を意味するadと「尊重する、評価する」を意味するpretiumから来ている。つまり、感謝は「評価し尊重する」ことなのだ。私たちが感謝を好むのも当然と言える。パートナーから評価され、重んじられたらどんなに素晴らしいだろう！　そしてそれはパートナーにとってもまったく同じだ。あなたがパートナーにもう少し感謝を示したらどうなるだろうか？　関係は良くなるだろうか、悪くなるだろうか？（これについて考えながら、心が何らかの物語をつぶやくかどうか見てみよう。心は次のようなことをささやくのではないか？「そんなことをしても彼はそれが当たり前だと思うだけ」「私はいつもやってあげてばかり」「彼女にとって充分なんてことはないんだよ」「こんなことしてやる必要はない」。こうした考えは何かの助けになるだろうか？）。

■感謝とマインドフルネス

感謝はマインドフルネスの中心となる要素だ。私たちが自動運転モードの時、自分が持っているものを意識しない。何かショッキングな経験でもしない限り、自分の周りの世界にはほとんど注意を向けない。だが、心を開き興味をもって現在の瞬間への気づきを起こせば、自分がいかに多くのものを持っているかに気づくはずだ。ちょっと立ち止まって自分が持っているものに感謝すると、豊かさと幸福の感覚が呼び起こされる。だがこれをせず、自分に無いもの、充分でないものの物語に囚われると、欠乏と不満を感じ始める。心の霧に囚われると、目の前の驚くべき谷の景観が見えなくなってしまう。

有名なことわざ、「立ち止まって薔薇の香りを楽しめ（あくせくするな）」や「天に与えられたものを数えてみよ」はまさに真実だが、それはあまりにも言い古され、陳腐で古臭くなってしまった。また、もっとも説得力のある言葉でさえ本当の経験にはかなわない。そこでこれ以上語るのはやめ、シンプルでマインドフルなエクササイズをいくつかやってみよう。この機会を最大限に活かして自分の持っているものを認識し、感謝しよう。

■マインドフルな感謝

次のエクササイズは私たちがあって当たり前と考えているものへの感謝を思い出すように作られている。時間をかけて行って、この経験を味わってほしい。次の章に進もうとして焦ると目的を見失ってしまう。

■エクササイズ：マインドフルに耳を澄ます

まず説明を全部読んで欲しい。読み終わったら本を置いてやってみよう。

一分間、聞こえる音に注意を払おう。あらゆる方向の音に「最大限に」耳を澄まそう。一番遠くの音も聞き取ろうとしてみよう。自分の体が発する音も聞いてみよう。呼吸、服が擦れる音など。聞こえる音すべて、今まで聞いたことがないものとして聞いてみよう。音量、音の高さ、リズム、振動、音質などに注意しよう。

一分間マインドフルに耳をそばだてたら、自分の聴力に感謝しよう。それはあなたの人生にどのくらい貢献しているだろうか?

■エクササイズ:マインドフルに呼吸をする

まず説明を終わりまで読んでほしい。次に本を置いてエクササイズを始めよう。

一分間自分の呼吸に集中してみる。肺の中をからっぽにし、次に肺に空気が自然に入るに任せる。息が流れ込み、流れ出ていくのを感じてみよう。呼吸を、今までこうしたものに出会ったことがないかのように観察しよう。鼻腔、喉、肩、胸、お腹のそれぞれに何が起こっているかを観察しよう。

マインドフルな呼吸を一分間続けた後、しばらくの間、自分が呼吸できることに感謝しよう。呼吸はあなたの人生にどう貢献しているだろうか?

■エクササイズ:マインドフルに見る

まず説明を終わりまで読む。その後に本を置きエクササイズを始めよう。

一分間、自分の周りを見廻して見えるものを意識しよう。見たことのあるものを選び、よりよく見てみよう。明るい部分と影の部分、はっきりした境界と縁がある部分、ない部分を観察しよう。見慣れた物体を一つ選び、今までそれを見たことがないかのように凝視しよう。その形、色、そして表面の様子を観察しよう。光沢があるかないか。滑らかかザラザラか。一分間マインドフルに見つめた後、ものが見えることに感謝しよう。視覚はあなたの人生にどのくらい貢献しているだろうか?

■エクササイズ：マインドフルに味わう

説明を最後まで読み、本を置いてやってみよう。

食べ物のかけらを手に取る。ピーナッツかレーズン、チョコレートの一かけ、煎餅の半分。目を閉じてそれを口の中に入れる。噛まずに舌の上にしばらく置く。唾液が湧いてくるのを感じてみる。次に、それをできる限りゆっくり噛んでみる。味や舌触りをあらゆる面から堪能してみる。今まで味わったことがないかのように、その風味を分析してみよう。飢餓状態にいるように味わってみよう。

最後に、自分の舌と口に感謝しよう。それらの、食べる、噛む、味わう能力がどれほどあなたの生活に貢献しているだろうか?

■エクササイズ：ショーのステージを観察する

自分が壮大なショーの最前列にいると想像してみよう。ステージ上のものは何でも見て、聞いて、匂いを嗅ぎ、味わい、触れ、感じ、それらについて考えることが可能だ。これまではこのショーのほんの一部の要素しか見ていなかったが、実際はずっと多くのことが進行しているのだ。

今までのエクササイズと同じやり方で、数分間、ショーの他の部分を観察しよう。

●あなたが自分の手を使ってしていること。
●あなたが皮膚によって感じ取れること。
●あなたが考えていること。
●あなたが体の中で感じていること。

それぞれについて、それがあなたの人生に与えてくれるものに感謝しよう。今、この本を読み進める前にすぐやってみよう。

分かってもらえたと思う。あなたはいつも驚くべきショーのさなかにいるのだ。それは視覚、聴覚、嗅覚、味覚、触覚、思考、そして感情でできている。あなたがこのショーを見られるのはかなりの驚きではないだろうか？　あなたの目と耳、腕や足、口や脳が一体となってこのショーを進行させていくのは真の驚異ではないか？

仏教の僧侶であり、ノーベル平和賞候補でもあるティク・ナット・ハンは、著書『〈気づき〉の奇跡：暮らしのなかの瞑想入門』（春秋社）の中でこう語っている。「奇跡とは、水の上、あるいは空中を歩くことではない。それは大地を踏みしめて歩くことである。私たちは毎日、気づかないうちに奇跡に出会っているのだ。青い空、白い雲、緑の葉、子供たちの黒い好奇心に満ちた目、自分自身の目。すべて奇跡としか言いようがない」。

■感謝する技術

感謝の念は時に自然に湧き上がる。お腹をすかせたあなたに誰かが食べ物をくれた時、寒いので暖房をつけた時、誰かがあなたの頼みを聞いてくれた時、本当においしいワインやチョコレートを食べた時、感謝の念が自然に湧いてくる。だがほとんどの場合、心は私たちを感謝から切断する方向に誘導する。そして私たちは常に変化する偉大なショーへの感謝を忘れてしまう。心はこんな文句の書かれたTシャツを持っている。「そこにはもう行ったよ！　それは前にもやったよ！　その映画はもう見た！　その本はもう読んだ！」。そしてそのTシャツを私たちの頭にかぶせたままにしておくのだ。

マインドフルネスとは、このTシャツを脱いで新しい目で世界を見ることだ。マインドフルネスを使ってパートナーへの感謝の念を育てれば双方にとって利益になる。パートナーが多くの面であなたの役に立っているという事実を知るほど、関係への満足も深くなる。また相手があなたへの感謝の念を深めるほど、優しさと温かみをもってあなたに接してくれるだろう。

緊張と対立の日々を送っている人々はパートナーと別れることを考える。実際それが実現すると、ごく少数の人は大いに安堵する。だが大部分は大きなショックを受ける。別離は彼らが思った以上のストレスをもたらすのだ。離婚の瀬戸際にいて独りぼっちの人生に向き合うと、夫は妻が自分の人生にもたらしてくれたものに気づき、感謝の念を持ち始める。妻も自分の幸福とライフスタイルに夫がいかに貢献してくれているかに気づき感謝する。後戻りできないところまで行かないとパートナーが与えてくれるものに気づけないのはなぜか？　答えは心の霧である。心の内部に囚われ、たくさんの物語にがんじがらめにされている間は、目の前の物事に感謝するのは難しい。

会計士のジョーは妻のクレアの存在を当たり前のことと思っていた。彼女がキャリアウーマンではなく専業主婦の道を選んだことに批判的でさえあった。だが彼女が癌を患って以来、見方は変わった。クレアの病状が悪化し、ジョーは子供の世話や家の修繕、洗濯、夕飯の支度までしなければならなくなった。クレアが彼と家族にしてくれていたことに気づき、感謝し始めた。ジョーはまた、彼女がキス、会話、親密さ、友情、援助、相棒的存在など、様々な面で彼の人生を豊かにしてくれていたことにも気づいた。幸いなことにクレアは回復し、二人の関係はこの経験によってさらに強められた。だが他のカップルは彼らほど幸運ではない。パートナーの有難さが理解できた時は手遅れだった、と語る私のクライアントは数えきれない。イングランドのことわざがこれをうまく言い表している。「我々は井戸が涸れてから水の価値を知る」

　これだけははっきり言える。意識して見ようとしなければ何も見えないのだ。マインドフルネスとはしっかりと目を開いてパートナーを見、相手があなたの人生にもたらしてくれるものを認識することだ。運が良ければあなたの心がそうするように働きかけてくれる。だが心は、パートナーがいかにあなたの人生を邪魔しているかを語る方がずっと多い。あなたの心はそれを何年も続けてきたのだ。本を一冊読んだからと言って方向性が変わることはあり得ない！　心はパートナーがしでかしたマイナスを次々とささやき続けるだろう。そしてあなたがそれにしがみつくほど心の霧は深くなり、ついにはパートナーの姿が見えなくなってしまう。やるべきことは分かっていると思う。これらの思考が浮かんで来たら認めてやり、通りを走る車のように、来ては去っていくのを許すのだ。

■パートナーに感謝する

　以下は、パートナーへの感謝を育てるための提案だ。

●毎日、パートナーに感謝すべきことを最低でも三つ見つける。大きなことでなくてもよい。彼の微笑み、何かの説明の仕方、朝起きた時の彼の体のぬくもりなどでもいい。彼女の歩き方でもよいし、あなたの頬へのキスの仕方でも、彼女の笑い声でもよい。
●パートナーがあなたの人生にもたらしているものをじっくり考えてみよう。何も出てこなかったら以下の質問に答えてみよう。もしパートナーが死の床にあったら、一番感謝していることとして何についてお礼を言うだろう？　もしパートナーが死んだら、一人で生きていく上で一番大変になることは何だろう？
●パートナーがあなたに貢献してくれていることを、毎日少なくとも三つ思い出そう。これも小さなことでよい。例えば彼女が働いて稼いだお金が、あなたのお気に入りのものを買う足しになっているということでもよい。あるいは、夕食の席に話し相手がいる楽しさや、自分が独りぼっちではないことで増す安心感でもよい。
●パートナーと初めて出会った時のことを思い出してみよう。彼女はどんな個性、どんな強みを持っていただろう？　彼を魅力的に見せた言葉や行動は何だっただろう？　パートナーは恐らく今もそれらの強みや個性を持っている。あなたが気に留めなくなっただけだろう。毎日、パートナーの言動の中から個性や長所を表しているところを少なくとも三つ見つけよう。
●一日の終わりに、これらのエクササイズで気づいたことを日記かワークシートに書き留めよう。

■感謝するだけでなく、それを言葉にしよう

パートナーに感謝する行為はあなたに幸福感と満足感をもたらすだろう。だが相手にとってはどうだろうか？　パートナーはあなたが感謝していることをどうやって知ればいい？　あなたがポジティブに変化したことで察してくれるかもしれない。より温かく心を開いてくれた、素直に聞いてくれるし愛情深くなった、不機嫌、イライラ、断定や批判が前より減った、等。だが相手にはあまり伝わら

ないかもしれない。ならば、言葉で伝えよう。自分の貢献が誰かに認められることの心地よさはあなたもよく知っているだろう。パートナーにその喜びを与えてあげよう。以下はいくつかの例だ。


「君が家のことをやってくれるので本当に感謝しているよ」

「こういう生活ができるのも君が一所懸命にやってくれるからだ、ありがとう」

「君がいてくれて本当にうれしいよ。ここにいてくれてありがとう」

「ベッドで君が横にいるのを感じるのは本当にうれしい」

「君が僕の両親にしてくれることに本当に感謝している。骨が折れるのはよく分かってるよ」

「この本を読んで、エクササイズまでしてくれて感謝するよ。君がこんなこと好きじゃないのは分かってる。君が努力してくれることは僕にとってすごく意味があるんだ。」

「昨日の夜、君がベッドで抱きしめてくれたのは本当にうれしかった」


最初は自然にできないかもしれない。だができるまで続ける価値はある。そして、憶えておいてほしい。感謝は言葉でなくても表せる。パートナーを優しく撫でる、抱きしめる、キスする。食事を作ってあげたり、花をプレゼントしたり、お茶を淹れるのでもいい。だが言葉は重要だ。多くの人々にとって言葉の影響力は大きい。口に出すのが居心地よくないからといって避けないでほしい。

また、パートナーが感謝を口にした場合、ポジティブに反応してほしい。心は言うかもしれない。「彼は本気でそう思ってるわけじゃない。本に書いてあったから言ってるだけ」。だがそんな物語は無視しよう。エレノアと同じ間違いは犯さないでほしい。

エレノアはロブが感謝の念を口にした時、それを台無しにしてしまった。彼女は言った。「とってつけたようなこと言わないで。心から感謝を表してよ」。だがロブは心から言っていた。多分照れくさくて声の調子がおかしかったのかもしれない。彼は新しい話し方を学ぼうとしていたが、まだこなれていなかった。だが彼の言葉は本心からだったのだ。エレノアに試みを何度かくじかれた後、ロブは挑戦をやめてしまった。この物語の教訓はなにか？　パートナーが努力して感謝を伝えてきたら、相手の努力に感謝するべきなのだ。

パートナーに感謝を表すことには莫大な見返りがある。二人の関係をより近づけるだけでなく、あなたが相手の行動にポジティブな影響を与えることを可能にする。なぜか？　いわゆる「人参とムチ（アメとムチ）」の法則だ。

■人参とムチ

あなたは人参が好きだろうか？　私はそれほどでもないが、それは私がロバではないからだろう。ロバは人参が大好きだ。飼っているロバに重い荷物を運ばせたい場合、やる気を起こさせる簡単な方法は鼻先に人参をぶら下げることだ。もうひとつの方法として、ムチで打つというのもある。どちらの方法でもロバは動かせるが、いつもムチを使っているとロバは虐待された悲しい生き物になってしまう。一方、人参で動機づけされたロバは健康で幸福な相棒になってくれる。

こと動機に関しては、人間はさしてロバと変わらない。あなたはコーチや教師、指導者、あるいは親に自分の行動を認められたことがあるだろうか？　あなたの進歩について言葉を掛けられたり、賞賛されたことは？　反対に、誰かにあなたの間違った行動や不十分さだけを指摘されたことはないだろうか？　この二つの違いは何だろう？

残念なことに、私たちはパートナーをやる気にさせるために人参よりもムチを使う傾向がある。ムチは様々な形がある。非難、批判、責める、怒鳴る、脅す、自分の世界に引きこもる……。どの方法も有効性がない。短期的にはパートナーを突き動かすかもしれないが、長い目で見ると二人の関係にはマイナスだ。

■正しい行動を見逃すな

二人の関係がどんなに対立的だろうと、あなたが良いと感じるパートナーの行為が何かしらあるだろう。相手のそうした行動を見逃していないかチェックしよう。相手が良い行動をした時は、感謝していることを伝えよう。常日頃からこれをしていると、良い行動が増えていく。なぜか？　人間は自分が気遣っている人々に認められ、感謝されることが好きだからだ。当然、認めてもらえる行動が多くなっていく。

多くの人はこの考えに拒否反応を示す。どうにも納得できないというのだ。それは私たちが受けた躾に関係している。親の望む通りに行動した時、私たちはご褒美を手に入れた。親が望まないことをした場合は罰が待っていた。学校も同じシステムで動いている。パートナーが自分の望む通りにしないのに見返りをやるのは何かおかしいと感じてしまうのだ。だがこれは、科学的根拠に基づいている。

ここ数十年、行動心理学の研究者は動物の行動に影響を与える方法を研究してきた。その研究結果はネズミからサル、人間まで、種類を問わず同じだった。動物の行動を変えるもっとも効果的な方法は、罰の五倍の褒美を与えることだった。パートナーの行動にポジティブな影響を与えたければ、一回批判したらその五倍賞賛すべきなのだ。読み違いではない。批判の五倍賞賛するのだ。腹立たしく思うだろうか？　ジェッドもそう考えた一人だった。

イボンヌとジェッドの「ペットの議論」は家事だった。ジェッドはチリ一つない家にしておきたかった。イボンヌも家のなかがきれいなのは好きだったが、ジェッドほど極端な状態は望んでいなかった。彼女は居間のテーブルに本を出しっぱなしにする癖があった。靴は床に投げ出し、コートは椅子の背もたれに掛けていた。流しは洗っていない皿で一杯だった。これがジェッドの癇に障った。「どうしてちゃんと片づけないんだ？」彼はイライラをにじませて聞いた。「そんなに大変なことじゃないだろ？　どうして散らかしておくんだ？」

「私は気にならないけど」イボンヌは反論した。

「難しいことじゃないだろう」。ジェッドはキレた。「目を開けてよく見ろよ」。仕事から帰ると彼は家中を廻り、イボンヌが散らかした後を片付けるのだった。なぜ彼女はこんなに怠惰なのだろうと愚痴りながら。ジェッドは「怠け者の妻」の物語にすっかりはまっていた。イボンヌの貢献に感謝することはまったくなかった。イボンヌが十回のうち八回靴を片付けたとしても、ジェッドが気づくのは片づけなかった二回だった。週に二回皿を洗っても、洗わない五回の方が気になった。イボンヌがたまに掃除機をかけてカーペットを掃除しても「そろそろやるべき時だったんだよ」としか考えなかった。ジェッドの態度はまったく効果がないものだった。理由は二つある。

1．イボンヌがしなかったことに常に注意を向け、フラストレーションと落胆を募らせていた。

2．イボンヌに家事をさせる最も効果的な方法は、彼女が何かした時に必ず気づき、感謝の念を伝えることだ。そうすれば彼女は自分の価値を感じ、やる気を刺激されてもっと家事をするかもしれない。

この問題について私がジェッドと話し合った時、彼はどう反応したか？　もちろんハッピーではなかった。

ジェッド「でも僕がそんなことをしなきゃいけない理由はありませんよ。言われなくても彼女がやるべきなんです。女性は男よりも綺麗好きだと思ってましたよ」

ラ　ス「みんなそう考えるよ。「すべき」という考えがそこにあるのに気付いたかい？　質問がある。君が「イボンヌはもっときちんとすべき」という考えにしがみついていると二人の関係はどうなる？」

ジェッド「悪くなるでしょうね。」

ラ　ス「いいことを教えよう。君の心は「イボンヌはもっときちんとすべきだ」という物語を何度も何度も伝えてくるだろう。心はいつからこの物語の色々なバージョンをささやき続けてきたのかな？」

ジェッド「彼女に出会ってからずっと、かな」

ラ　ス「そうだね。ではその声はすぐには止まない？」

ジェッド「ええ、だってそれは事実だから。彼女はもっと整頓するべきだと思う」

ラ　ス「うん、大勢の人々が君に同意するだろう。だがそれは状況の改善には何の効果もない。聞きたいのは、この思考が現れた時、それに囚われ、くよくよ考えるのはプラスになるのか、君の彼女に対する扱い方をこの思考に支配させるのは得策か、ということだ」

ジェッド「いいえ」

ラ　ス「オーケー。ではこの物語に名前をつけて、それが現れても来て去っていくのに任せることはできる？」

ジェッド「多分できると思うけど」

ラ　ス「これはクイズ番組じゃないから、予想しなくていい。質問は簡単だ。事実かどうかは置いておいて、君はこの物語に囚われずに、解き放つことができるかい?」
ジェッド「イエスと言いたいところだけど、できる気がしないよ」
ラ　ス「では君の経験を振り返ろう。過去十年、君はこの物語に囚われてきた。君は幸福になったかい?　二人はより親密になった?」
ジェッド「ならなかった」
ラ　ス「物語はイボンヌの態度を持続的に変えたかい?」
ジェッド「変えなかった」
ラ　ス「ではこの思考を大事に抱えていることで何か助けになる?」
ジェッド「何の助けにもならないな。でもそれを解放するのは難しい」
ラ　ス「君の言う通りだ。それはとても難しい。でも努力してみる価値はあると思う?」
ジェッド「そう言われてしまえば、イエスと言うしかないな」

思考を解放することはジェッドにとって大きな挑戦だった。それから数週間、イボンヌが何かをしなかったことで彼女を批判したくなることは数えきれないほどあった。だがそうする代わりに彼は錨を下ろし、言葉を飲み込んだ。批判的な思考に名前をつけるエクササイズをし、それが一日に何度も現れることにショックを受けた。彼は思考に息を吹き込み、フラストレーションを受け入れる練習を続けた。そしてついに正の強化（望ましい行動に積極的になること）が起こり始めた。イボンヌがコートを椅子ではなくコート掛けにかけた時、素直に「ありがとう、感謝するよ」と言えた。汚れた食器を食器洗い機に入れた時は「入れてくれてありがとう」と言った。ベッドを整えてくれた時には

「ありがとう、とても気分がいいよ」と言った。

するとだんだんイボンヌの整頓の行動が多くなってきた。なぜか？　まず、彼女が自分の貢献にジェッドが気づき、認めてくれることに感謝したからだ。それは二人の間に友好関係を生み出し、彼女はもっとやる気になった。次に、ケンカと緊張の機会が減った。おかげで彼女は優しく人の意見を聞くようになり、結果としてジェッドの望みに敏感になった。

イボンヌとジェッドの整理整頓の基準が同じになることは将来もないだろう。だが今は互いに良いバランスを保っている。イボンヌは以前よりきちんとするようになったし、ジェッドはずっと寛容になった。どちらにとってもより良い状況になったのだ。もちろん完璧な状態にはならないだろう。だが完璧な状況なんてあるのだろうか？

第19章　厄介な状況

質問：圧倒的な力が不動の物体に加ったら何が起こるか？

考え込んでしまう質問ではないか？　答えは私も知らない。しかし確かなのは、人間関係においてこれが起こると双方が傷つくということだ。以下はよくあるシナリオである。

- 一方のパートナーは子供が欲しい。だがもう一人は欲しくない。
- 一方は海外に住みたい。だがもう一人は住みたくない。
- 一方は結婚したい。だがもう一人はしたくない。
- 一方は子供を宗教的に教育したい。だがもう一人はしたくない。
- 一方は頻繁にセックスしたい。だがもう一人はしたくない。

非常に厄介で複雑、苦痛で面倒なものばかりだ。単純な答えはまず見つからない。偉大なる劇作家、ジョージ・バーナード・ショーはこう言い表している。「すべての複雑な問題には間違った答えが一つある（複雑な問題には答えなどない）」。あなたの心はこの考えが気に入らないかもしれない。心は普通、解決を求めてフルに働く。分析に次ぐ分析、熟考に次ぐ熟考を重ねる。だがそれでも成功はしないだろう。私の言うことを鵜呑みにしないでほしい。自分の経験を振り返ろう。もし現在あなたが難しい状況にあるならこう考えてみよう。この問題を解決しようと何時間費やしただろう？　どのくらいの時間、心の内側で恐れ、反芻し、考えを巡らし、分析し、思い悩んだだろう？　それはあなたの関係にどんな効果をもたらしただろう？　悲しいことに、こうしたジレンマに囚われると自分のパートナーが敵のように思えてくる。そして状況はさらに悪化する。

　厳しい現実だが、難しい状況に簡単な解決方法はない、ということだ。この事実を受け入れることができるだろうか？　人生はこの現実をあなたの玄関先に置いていったのだ。あなたにとって予想外のことだったし、自分が望んだことでもない。もちろんそんなものは欲しくない。だがそれはそこにある。それは人生からの贈り物だ。それは困難で、苦痛で、アンフェアだ。だが送り返す方法はない。あなたはこの現実に心を開き、それがもたらす苦痛に居場所を作ることができるか？　さらに、あなたは自分の苦痛をポジティブに利用することができるか？　「何だって？」とあなたは言うだろう。「気でも違ったのか？」。そう見えるかもしれないが違う。苦痛の有効な使い方の一つは、あなたの中に「あるもの」を育むのを助けることだ。

■思いやり

「思いやり（compassion）」という言葉は二つのラテン語からできている。comは「一緒に」、Patiは「耐える、苦しむ」という意味だ。つまり思いやりの文字通りの意味は「二人一緒に傷つく」ということだ。だが現代においてはその意味合いはもっと複雑だ。「思いやり」には、傷ついた他者に対し、優しさと気遣い、純粋な助力の願望、支援、育成の心をもって接する、という意味がある。

　多くの人にとって、思いやりは極端な環境に置かれた時に自然に現れる。ニュースでエチオピアの飢えた子供たちを見た時、戦争に引き裂かれたイラクの瓦礫の中で息子の亡骸の前に泣き崩れる母親を目撃した時、あるいは9・11で生き残った人々から、彼らが目撃した、愛する人々がビルから飛び降りた様子を聞いた時などだ。身近なところでは、友人や親戚の身に、死や病気、けが、トラウマ、離婚などの危機が訪れた時、思いやりが頭をもたげる。

だが日々の生活においては、自分に対しても他者に対しても、私たちは思いやりを簡単に忘れてしまう。これは厄介な問題だ。他者に対する思いやりがないと、私たちは他人の苦痛に対して見て見ぬふりをしてしまう。人を批判し、見下し、軽んじ、軽蔑し、拒否し、傷つけさえもする。思いやりがないと、仲間であるはずの人間を単なる物のように見てしまう。この結果、私たちの人間関係はどうなるだろうか？　人間を、そして自分を単なる物として扱うと、どんな結末になるだろう？

■セルフ・コンパッション（自分に対する思いやり）を高めよう

自分に対する思いやりは他者へのものと同じくらい重要だ。自分への思いやりが高まるほど、他者を思いやることも容易になる。誰もが利益を受けるのだ。テキサス大学の心理学教授、クリスティン・ネフはこのテーマを徹底的に調査した（Neff 2003）。ネフによれば、自分への思いやり、セルフ・コンパッションを育てるための要素が三つあるという。それは優しさ、共通の人間性、そしてマインドフルネスだ。一つ一つを詳しく見ていこう。

■優しさ

私たちは人生の途中で挫折し、失敗する。そして役に立たない信念に囚われる。どんなにマインドフルネスのスキルを高めようと、それを使うのを忘れてしまう時がある。自暴自棄によって、最も愛する人さえ傷つける。また時に、自分が無能で愚かな馬鹿者で、人から愛されず、人間として不十分に思えることもある。当然これは苦痛となる。

こんな時に自分を無条件に受け入れてくれる人間が身近にいたら、どんなに素晴らしいだろう？　人間としての欠点、欠陥、弱点も含め、あなたをありのままに見て、価値判断を加えたり非難・批判しない人がいたら？　どんな時も「やあ、僕はいつもここにいるよ。君を助けたいんだ。君が苦しんでいるのはよく分かってるよ。痛みに耐えてるのは分かってる。君のためにどんな援助でもしよう」と言ってくれたら？　セルフ・コンパッションは受容の心、温かさ、そして理解を持って自分に接することだ。それは大いなる優しさに満ちた行動なのだ。

■共通の人間性

あなたが傷ついた時、心は、傷ついているのはあなた一人であり、廻りの人はあなたよりずっと幸せで、あなたの感じているような苦痛もなく、つまづきも失敗もない、と言ってくる。この物語にしがみつくと苦痛はますますひどくなる、罪悪感や恐れ、憤慨、無力感、孤独、恥の意識、怒りなどを感じた時、それらは正常な人間なら誰しも持つ感情であることを思い出すのは大いに助けになる。今この瞬間、地球上のあらゆる場所で、何百万という人間があなたと同じように傷ついているのだ。

つまり、すべての人間は傷つくということだ。もちろん同じ程度にというわけではない。

戦争で引き裂かれた第三世界で貧困に喘ぐ子供たちの苦悩は、西側諸国の郊外に住む富裕な中流層の子供のよりもはるかに大きいだろう。だがそれは論点ではない。大切なのは自分が人間であると認識することだ。あらゆる人生には喪失や拒否、失敗、フラストレーション、失望がつきものだ。人間は誰しもカッとなり、後で後悔するような行動に走る。誰もが何かしらしくじるのだ。あなたがこの事実を理解し、自分の人間らしさを受け入れるほど、自分をもっと優しく大切に扱うことができるだろう。

■マインドフルネス

マインドフルネスについてはすでによくご存じだろう。さらに深く実践してほしい。私たちが苦痛の感情に居場所を作り、懲罰的で自己批判的な物語から脱フュージョンするのは、優しさの行動なのだ。

■セルフ・コンパッションのコツ――すべてを一緒にする

以下はセルフ・コンパッションを育むためのコツである。

●まずマインドフルな呼吸から始めよう。

ゆっくり深い呼吸をする。自分の体でもっとも痛みを感じる部分に息を吹き込む。呼吸が体に流れ込み、痛みを包み込むのを想像する。自分が痛みに心を開いているのを感じよう。

●もっとも痛みを感じる部分に手を置こう。

自分の手がヒーリング・ハンドであると想像しよう。愛情あふれる医者、看護師、親の手だ。自分の体に手からの温かみが伝わってくるのを感じてみる。体が痛みの周囲を柔らかくしていくのを想像する。怪我をした子犬か泣いている赤ん坊のように、痛みを優しく抱きしめよう。

●自分に優しく語りかけよう。

あなたが愛する誰かがあなたとまったく同じように苦しんでいるとしよう。彼らを気遣っていることを伝えるためにあなたは何と言うだろうか？　その言葉を自分自身に言ってみよう。

●自分が小さな子供だと想像しよう

ある子供が自分と同様に苦痛を感じていると想像しよう。あなたが彼を心配しているのを伝えるために、どんな言葉をかけるだろうか。それと同じ気遣い、関心、優しさをもって、同じ言葉を自分に言ってあげよう。

●自分が人間であることを認めよう

何かへまをしでかしたことで自分を責めているなら、こう自分に言ってやろう。「そうだ、私は人間なんだ。地球上のあらゆる人間と同様、私は不完全なんだ」

●好奇心を利用しよう

自分に尋ねよう。「人間という存在について、この出来事は何を教えてくれるか？」そして「苦悩している友人や家族、そしてすべての人間について、この出来事はどんな洞察をもたらしてくれるか？」

●痛みが教えてくれることを思い出そう

痛みは三つの大切なことを教えてくれる。

1．「あなたは生きている」。これは良いスタートだ。
2．「あなたは人間だ」。これは人間が苦しんでいる時、真っ先に感じることだ。
3．「あなたには心がある」。あなたが何ひとつ気にかけない人間なら苦痛の感情に悩まされることもないはずだ。

セルフ・コンパッションはこうした苦痛の問題を解決しない。だがストレスとうまく付き合う手助けはしてくれるだろう。こうしてあなたは厄介な状況から抜け出すことに集中できるのだ。

抜け出す

本章の初めに困難な状況の例をいくつか紹介したが、それらから逃れるのはまさに「言うは易し」だろう。いくつか提案もしたが、それらを解決法と考えるべきではない。難しい問題に効果的に反応するのを助けるアイデアだ。それによって苦痛の中に多少の活力を発見できるのだ。

LOVEを実践してみる

ＬＯＶＥ――思考を解き放つ、心を開く、価値に基いた行動をする、現在に集中する――は、どのようにあなたの助けになるだろうか？　あなたは心の霧に惑わされているだろうか？　どんな「無益な物語」があなたの心を不安定にしているのか？　「私は正しい、間違っているのはそっち」「よくないパートナー」「難しすぎる」「どうしようもない」などの考えにしがみついているだろうか？　それともあなたは心を開いて苦痛のために居場所を作ってやることができるだろうか？　困難な状況でも自分の価値に従って生きられるだろうか？　たとえ苦痛な対立の最中でも、自分の人生と自分の関係に完全に集中していられるだろうか？

自分の価値とつながる

あなたの困難がどんなものであれ、あなたはそれについてパートナーと話し合うだろう。あなたはどんな態度で話し合いに臨みたいだろうか？　正直で聞く耳をもち、気遣いと思いやり、尊敬を持った態度だろうか？　それとも、敵意と偽り、断絶と回避、そして軽蔑に満ちた態度だろうか？　自分の基本的価値に基づいて心が触れ合う話し合いをすれば物事はスムーズに運ぶ。パートナーを敵としなければ、相手は単なる意見の合わない友人になるのだ。

■思いやりを拡張する

自分とパートナーに対する思いやりを押し広げてみよう。とても困難な状況であることを率直に認めよう。どんなに傷ついているかを互いに率直に話す。あなたはパートナーの痛みを認めることができるだろうか？　彼が自分と同様に傷ついていることを知り、彼のことをもっと優しく考え、優しく行動することができるだろうか？　あなたがパートナーと恋に落ちた時、こんな状況は考えもしなかっただろう。だが今や二人とも現実とのギャップに囚われ、押しこめられて息もできず、互いに人生を押しつぶしているのだ。お互いにこんな状況は望んでいないはずだ。双方が必要とし、また持つに値するのは気遣いと優しさだ。

■相手のモカシンを履いてみよう（相手の立場に立とう）

アメリカの先住民の有名なことわざに、「彼のモカシン（靴）を履いて一マイル歩くまでは（彼の立場に立ってみるまでは）、決して彼について判断してはいけない」というものがある。頭の痛い問題が起こると心の霧がすぐに立ち込める。解決の一つは、パートナーの視点から状況を見ることだ。彼女に同意しろというのではない。彼女の言い分を理解しようと努めるのだ。彼女の立場（モカシン）に立つことができれば辛辣な批判をすることもなくなり、「私は正しい、間違っているのはそっち」という思考から離れられる。彼女の立場で物事を見るようになると、彼女は自分の価値が認められ、尊敬されていると感じ、その場のやり取りを、より実りのあるものにしてくれる。これはあらゆる交渉、コミュニケーションのクラスで教わる基本的な法則だ。『7つの習慣』の著者スティーブン・R・コヴィーは、これを簡潔に言い表している。「まず最初に理解しようと努めよ、次に理解されようと努めよ」

第一段階はパートナーの立場に立ってみることだ。彼が恐れているのは何か？　彼女はどんな考え、どんな思い込みを持っているのだろうか？　それはどのくらい古いものか？　いつから始まったのか？　彼は未来に何を望んでいるか？　彼女があなたの望む通りにした時に、起こるのを恐れている結果は何か？　なぜそれが彼女にとって問題なのか？

第二段階は、自分が相手の考えを正しく理解しているか確認することだ。パートナーにこう聞いてみよう。「この問題を君の立場に立って考えているんだけれど、僕の解釈は正しいかな？　君が望むのはAとBとCで、恐れているのはDとEとFだね？」

第三段階は、あなたがパートナーの考えを理解したとパートナーが感じるまで会話を続けることだ。これは非常に強力なメッセージとなる。「僕は君に興味があるんだ。君を理解できるよう手伝ってくれ」。敵ではなく、パートナーとしてやってみよう」。それは双方の気遣いと接続の試みなのだ。それが状況を変えるには至らないかもしれないが、話し合いの空気は良くなるだろう。

■ゴミの中の黄金を探せ

自分勝手になるのも時には良いものだ。人生があなたにゴミばかり押し付けてくるような時には「何か役に立つものはないか？」と問いかけよう。おかしな質問に思えるかもしれない。だがこれはあなたの人生を大きく変える可能性がある。あなたが喜んで探すなら、ゴミの中に黄金を発見できるだろう。人生におけるあらゆる問題は、学び、成長し、マインドフルネス、アクセプタンス、解放、粘り強さ、忍耐力等を育む機会をくれる。私たちは苦痛をもたらす問題を望まない。だがそれらを突きつけられた時、そこから役に立つものを引き出す方が得策だ。例えば、自分の苦痛を思いやりを育む原動力にすることはできる。そうすることで、あなたを必要とする他者とつながり、一緒にいてやることができる。ACTの創始者の一人であるケリー・ウィルソンは、苦痛は他人の痛みを感じ取る「心の聴診器」の能力を発達させると主張する。

女性コメディアンのリタ・ラドナーは言った。「私は結婚生活が好きよ。一生イライラさせてやりたい特別な相手がいるなんて何て素晴らしいんでしょう」。この気の利いたジョークは重要な真実を含んでいる。どんな関係でも、あなたの行動がパートナーの心を乱すことはある。そしてその逆もある。二人は違う家庭環境で育った異なる人間なのだ。考え方も違えば行動の仕方も違う。こうした違いはいつか緊張と対立を生み出す。だが対立がどんなに悪化しようと、正しい態度であればそこから何かを得られる。すべての面倒ごとは心理的柔軟性を鍛える機会になるのだ。機会あるごとに自分に尋ねよう。「私はこの出来事によっていかに成長できるだろうか？」

ウィンストン・チャーチルはこんな言葉を残している。「悲観主義者はすべての機会に困難を見い出すが、楽観主義者はすべての困難を好機と考える」あなたのパートナーは高額の報酬をとる住み込みのパーソナルトレーナーだと想像してみよう。あなたは人生に役立つスキルを学ぶために彼女に大金を支払っている。彼女の手法は非常に革新的で、時にあなたを怒らせる。だが支払ったお金の分、何かを得たい。彼女が伸ばしてくれる人生のスキルは何だろうか？　マインドフルネス、アクセプタンス、寛容さ、解放、自己主張、思いやり、それとも忍耐？　この態度があなたをゴミ好きでゴミを求める人間にしてしまうことはない。むしろそれは、ゴミの中に黄金を見つける助けになるのだ。

第20章　クリスマスの休戦

第一次世界大戦当時の一九一四年冬。ドイツ軍はイギリスとフランスを相手に戦っていた。戦争が始まってまだ数か月だというのに、双方ですでに何十万もの兵士が犠牲になっていた。さて、あなたはベルギー、フランダースの戦場にいる一兵卒だ。震える寒さと雨、空腹と泥汚れで疲労困憊している。家から遠く離れた、ネズミがはびこる泥まみれの塹壕の中で死の恐怖に怯えている。夜の闇と過酷な寒さが訪れる。明日がクリスマスであることなど到底信じられない。だが突然、あなたはドイツの塹壕(ざんごう)にほのかな輝きを見る。自分の目が信じられない。それはろうそくで飾りつけられたクリスマスツリーだった。ドイツ人たちは讃美歌を歌っていた。あなたも知っている讃美歌を、言語は違うがまったく同じ旋律で！

スタンリー・ワイントローブは著書「The Story of the World War I Christmas Truce」の中で、次に起こったことを書き記している。数本の木に銃撃を加えたのち、イギリス兵たちの好奇心は戦意を上回ってきた。彼らは塹壕から這い出して様子をうかがい、やがて一緒に歌い出した。クリスマスの朝までには、双方の塹壕の間に「中間地帯」ができ上がり、親しくなった両軍の兵士であふれた。彼らは食糧やプレゼントを交換し、歌い、戦闘地帯にあった亡骸を手厚く埋葬した。しまいには両軍でサッカーをしたという。(Weintraub 2002)

「クリスマスの休戦」は人類の歴史で最も驚くべきエピソードの一つである。数か月間敵対し、容赦なく殺し合っていた軍隊が武器を置き、塹壕から出てきて友人になったのだ。一緒に歌を歌い、贈り物を交換し、タバコやチョコレート、ケーキやコニャックを分け合い、空き缶が散乱した凍った大地の上でサッカーに興じさえしたのだ。悲しいことに、休戦は数日で終わりを告げた。それでもこの出来事の本質は損なわれない。それは、たとえ血まみれの戦いのさなかであっても、人間の根源的価値と接続できる可能性があることを示している。

■仲直りする

誰もがこの物語から学ぶことができる。私たちはパートナーとの対立にはまり込むあまり、時として心との接触を失ってしまう。怒りや憤り、辛辣さで完全武装し、何がなんでも勝つつもりで戦いに臨む。あるいは塹壕に身を隠し攻撃の機会をうかがう。こうしたやり方は活力を失わせる。最後には惨めさと孤独、疲弊した自分が残るのみだ。

幸い希望はある。私たちはいつでも休戦を宣言することができる。もし望めばだが、戦うのをやめてパートナーに歩み寄り、ダメージを修復することもできる。そういう選択が多くなるほど、お互いのためになる。双方が戦いをやめ、手を差し出し、溝を修復し、接続しようと努力することは、相手に対する強力なメッセージとなる。「君のことを気遣ってるよ！」。それは私たちを心で結びつけ、この関係がもともと何であったかを思い出させてくれる。

これらが正しいことは直感的に分かるが、信頼できる研究がそれを裏付けていることを知っておくのもよいだろう。本書の前の方でジョン・ゴットマンの研究について触れた。彼のデータは、関係を活性化させるカギとなるのは「関係修復の努力」のメッセージを頻繁に送り、受け取る能力だということを明確に示している（Gottman and Silver 1999）。「修復の努力」には関係修復を意図する言葉、行動、ジェスチャーなどが含まれる。ゴットマンの調査によると、関係修復のうまいカップルは、しょっちゅうケンカしていたとしても健全な関係を保てるという。これは特に、常日頃ルールをわきまえたケンカをしているカップルに当てはまるという。

しかしながら、ゴットマンの研究によればメッセージを送るだけでは駄目で、受信することも大事だという。修復のための言葉やジェスチャーに対してあなたがマインドフルであるなら、つまりそれらに気づいて感謝するなら、それは心を結び付け、癒す。だがパートナーが歩み寄っているのにあなたが相手を受け入れないなら、頑なな態度で攻撃を続けるなら、あるいはそれを受け流したり、退けたり無視したりするなら、心の結びつきも癒しも不可能だ。それどころか傷は大きく深くなり、やがて化膿してしまう。

修復の努力のメッセージを送る方法はたくさんある。以下はあなたに検討してほしい方法だ。

●自分が傷ついていることを伝える。

戦いをやめる一つの方法は、鎧を脱いで自分が傷ついていると知らせることだ。「痛い!」「今すごく痛みを感じてる」「頭が痛くなってきた」「ひどいストレスだ」「とても怖い」「ボコボコにされてあざだらけになった気分だ」等。

●戦闘中止を申し込む。

シンプルな方法は休戦を申し込むことだ。「ちょっと休まない?」「これでは何の解決にもならないよ」「もうこれ以上は受け付けられない。ちょっと休憩しよう」「いったん中断しよう」「意見が合わないということで意見が一致したね」あるいは「ちょっと戦いをやめてハグしない? 今どうしてもハグしたい気分なんだ」

●もっとよい状態で続ける。
この方法では戦いは続けるが、環境を変える。例えば、「ちょっと声を小さくしてくれる?」「話し合うのは構わないけど怒鳴るのはやめて」「その言い方は反則。もっと礼儀をわきまえて戦わない?」「テーマに沿って話そう」「自分の価値判断を入れないで言ってくれる?」

●言い争いが無意味であることを認める。
言い争うことが無意味であると告げるのもよい。「こうやっていても意味がないよ。そう思わない? 何も解決しないよ」「時間とエネルギーを使うばかりだよ」「この問題について、あとどれくらい言い争わなきゃいけない?」「これじゃまるで綱引きだよ」

●ユーモアを使おう。
本書で紹介する脱フュージョンテクニックはユーモアを交えて行える。「僕らのペットのケンカが鎖を解かれたぞ」「僕の心の中のサメが逃げ出した」「二人とも「私は正しい、そっちが間違ってる」の物語にはまってるな」「君の首を締めたくなってきたよ」。あなたとパートナーが、第15章で紹介した争いに名前をつけるエクササイズをしたなら、それを使ってもいい。「ほらまた過去の死体を掘り出してるよ」「またシルバーバックゴリラが現れたな」等。

●相手のモカシンを履いてみよう。
前の章で述べたように、パートナーの協力を得て、相手の視点で見ることによって状況を改善できる。「君の言いたいことが分からないよ。もうちょっと説明して」あるいは「君の立場に立って理解できるかどうかやってみるよ」

●謝罪をする。
「私は正しい、間違っているのはそっち」の物語とフュージョンしてしまうと、謝ることなどとても考えられなくなる。だからこそ謝罪は強力な癒しの力を持つのだ。以下は使えそうな言葉だ。「ごめん、君を傷つけるつもりはなかった」「すまない、僕のせいで台無しになってしまったね」「巻き戻しボタンを押してやり直してもいいかな?」「こんな言い方をするつもりはなかったんだ。もう一度言い直してもいいかな?」「またやっちゃったかな? ごめん」「それがどんなに君を傷つけたか分かるよ。どうか許してほしい」「どうすれば元に戻せるだろう?」「どうしたら埋め合わせできるだろう?」

■「LOVE」は常に有効

修復の努力のメッセージを効果的に送り、受け取るためにはマインドフルになる必要がある。だが心の内部に囚われていたり、完全に「反応する」モードにはまっている場合、それは不可能だ。つまり、まずLOVEが大切だということだ。錨を下ろし、地に足をつける。呼吸を遅くする。現在に意識を向ける。心のささやきに耳を傾ける。感情に息を吹き込む。自分の価値につながる。これには数秒しかかからない。ちょうど動画の途中でポーズボタンを押すようなものだ。争いは一時停止する。状況を変えるには、この数秒間で充分だ。一時停止、呼吸する、今に意識を合わせる。そして今度は価値に方向づけされた反応を心がけて話し合いに戻る。

あなたがメッセージを受け止める側だとしても同様だ。心の霧に囲まれるとパートナーがしていることが見えなくなる。彼女はすぐそこにいて白旗を掲げているのにあなたは射撃を続ける。あなたは役に立たない心のささやき、「彼女は本気じゃないよ」あるいは「これが彼女の手なんだ」「こんなに簡単に話が収まる訳がないぞ」などを解き放つ必要がある。そして少しでも修復の努力らしきものを感じた時は、それが霧のせいでどんなに不明瞭でも、戦いを一時停止して深呼吸し、認める。微笑んでもいいし、頷くのも、言葉で「ありがとう」「感謝するよ」「それはフェアだね」「僕も済まないと思ってるよ」と言ってもいい。時には「君の言う通りだ。こんなこと意味がない。何の解決にもならないよ」と言うのもいいだろう。こうしたことを自然に言うのは難しいかもしれない。だがこれは、強い関係を築くには必須のことなのだ。

■パートナーが乗り気なら

この章の最初で紹介した修復の努力のリストは決して難しいものではない。対立を緩和したり、償ったり埋め合わせをするために、あなたが言えること、できることについてブレインストーミングしよう。その際、次の三つを実行しよう。

●過去の対立を思い出し、自分が言ったこと、したことで、被害を少なくしたり関係を修復できたことがあったか考えてみよう。
●修復の努力に使えそうな言葉やフレーズ、ジェスチャーを二人で決めておこう。
●怒り、傷つき、憤慨している時でも、お互いの修復の努力に対してマインドフルになる、それらを認め受け入れる、という協定を結んでおこう。

■注意書き

これらのテクニックのいくつか、あるいはすべては、パートナーがあなたの言葉やジェスチャーを誤って解釈すると逆効果になる危険をはらんでいる。なので、まずあなたが事態を修復しようとしていることを明らかにしておこう。必要ならはっきりと説明しよう。「今、僕は問題をなんとか修復しようとしてる」。また、自分に正直になることも大事だ。自分の意図にマインドフルでないと、こうしたコメントのいくつかは容易に攻撃や皮肉、からかい、非難になってしまう。あなたがこれらの戦略を実行する時は、接続と気遣いに関する価値を基に行わなければならない。争いの最中にこれをするのはとても難しいが、他のことと同様に練習すれば簡単になっていくものだ。

もしあなたが本書に書かれていることを忘れてしまい、醜い争いで身動きがとれなくなっても問題ない。そういう状況にいることに気づいた時、あなたにはいくつかの選択肢がある。錨を下ろして修復を試みる。または、接続を切って相手を避ける。自分の心の中に迷い込む。くよくよ思い悩み、腹を立てる。どれを取るかはあなた次第だ。しかし間違いなく言えるのは、一つ目を選択すれば、あなたはある大きな恩恵を受けられる。それは「親密さ」だ。

第21章　親密さについて

親密さとはいったい何だろう？　なぜあなたはわざわざ自分の関係を何とかしようとするのだろう？　それがなぜそんなに問題なのだろうか？　これは大きな謎であり、正しい答えはない。だがほとんどの人にとっての最大の理由は、本当に理解され、純粋に受け入れられたいという欲望だろう。誰かが、見せかけの自分のうしろにいる真の自分、周りの世界のために身に着けているうわべの自分のうしろ、毎日身に着けている仮面のうしろにいる真の自分を見てくれたら、そして私たちが必死で隠している欠点や弱さを知った上で受け入れ、気遣ってくれるとしたら、私たちは真に愛されていると感じるだろう。誰かに「真の自分を見る」ことを許すのが「親密さ」なのだ。「親密さ（intimacy）」という言葉はラテン語のintimatio、「知らしめる」からきている。親密さとは、二人の人間の深く近しいつながりのことを言う。これには三つの方向性がある。

●肉体的親密さ：パートナーに自分の体について知ってもらう。
●感情的親密さ：パートナーにあなたの感情について知ってもらう。
●心理的親密さ：パートナーに自分の心の中を知ってもらう。これには価値や目的、意見、信条、欲望、期待、そして夢なども含まれる。

もっとも深く近しい関係は、通常この三つの親密さを備えている（必ずというわけではない。カップルはそれぞれ異なるということを憶えておくべきだ。また、なにが「正常」かという公式もない。常に大切なのは「正常性」ではなく「有効性」だ。「専門家」が正常だと主張するものではなく、この世に一つしかないあなたの関係を深く豊かにするものに注目しよう）。

■真の親密さ：喜びの行動

親密さとは双方向の道路のようなものだ。真の親密なつながりのために双方に必要なのは、相手に自分を知ってもらうことだ。これは無理やりやろうとしてもうまくいかない。純粋な親密さは喜びの行動だ。自分の感情、肉体、そして心理についてパートナーが知るのを喜んで許すことだ。嫌々、または腹を立てながらやっても、あるいは義務感や罪悪感、恐れなどが動機でも関係を向上させることはなく、逆に破壊的な経験になってしまうだろう。

■リスクを取る

感情的にも心理的にもオープンになるというのは、リスクを取るということだ。パートナーに感じていることや考えていることを率直に伝えると、批判や価値判断、非難される危険に晒される。パートナーはあなたを批判することができる。彼らは「弱く愛に飢えている」から「自分勝手で欲張り」等、容赦のない価値判断であなたを何回も鞭打ってくるかもしれない。あなたを避けたり拒否するかもしれない。嘲笑ったりからかうかもしれない。もしかすると手に入れた情報であなたをコントロールしようとしたり、意図的に傷つけようとするかもしれない。

こうしたことがなければよいが、起きない保証もない。実際、紹介したシナリオのいくつかは、あなたの現在、あるいは過去の関係で起こったかもしれない。パートナーに心を開くのは真にリスクのあることなのだ。リスクを取ると人間は心配になる（あるいは恐怖、イライラ、不安、神経質、緊張——その他あなたが思いつく言葉は何でもあてはまる）。

こうした感情を避ける方法はない。なぜならすでに触れたように、私たちは生来、困難な状況に直面すると闘争・逃走反応が起こるようにできているからだ。問題は、パートナーと深く近しい関係を作るために進んで不快な感情に居場所を作ってやれるかどうか、なのだ。答えがノーなら、あなたの関係には間違いなく親密さが欠けている。イエスなら、関係がもつリスクは相当軽減されていると考えられる。せっかちになったり向こう見ずな行動をしても、何の効果もない。

■安全な場所を提供する

親密さが抱えるリスクを軽減するコツは、ゆっくり行動する、少しずつ行う、そしてパートナーの反応を観察することだ。ちょっとずつ親密になっていける方法を考えよう。自分の感情をパートナーに伝えるのも悪くない。「今日はちょっとイライラしてる」「～のことが気にかかる」「君に対する愛をすごく感じるよ」「～のことが無性に腹が立つ」等。何かについて口をつぐんだり、信じてもいないことを言ったりせず、自分の本音を口に出してみるのもいいかもしれない。自分の夢や望み、目標を一人で抱え込まず、パートナーに告げてみるのもいい。

こうした小さなリスクを冒しながらパートナーの反応を見てみよう。相手が心を開き、気遣いや興味、受け入れる姿勢を示したら、それはいい兆候だ。パートナーを信じていいというサインだ。反対に相手が敵意を見せたり及び腰だったり、軽蔑や無関心、拒否などを示したら、これはあまりよくない。こうした反応は信頼を破壊してしまう。

立場が逆でも同じことが言える。パートナーがあなたに対して心を開いたら、相手を安全に迎え入れよう。マインドフルに受け入れよう。あなたも心を開き、興味を持って接しよう。貢献、接続、気遣いなどのあなたの価値に意識を合わせよう。パートナーが心を開ける「安全な場所」を作ってやることにより、相手の健康や幸福に貢献でき、深いつながりを作り上げ、あなたの気遣いを見せることができる。

安全な場所をどうやって作るのか？　まず最初に、頭の中に自然に現れる価値判断、批判、その他の無益な物語から脱フュージョンすることだ。これらが現れたことを認識し、来ては去ってゆくのに任せよう。次は集中することだ。パートナーの言うこと、することに完全に集中し、相手を意識の中心に置こう。三つ目は、あなたが関心を持っていることを示そう。そのための非常にパワフルな方法は「承認」だ。

■パートナーの気持ちを承認する

時折、あなたとパートナーが何かについて同じ意見や感情を持つことがあるだろう。その時二人は調和、一致、支えられている感覚を持つ。だがこういうことは滅多にない。大抵の場合、様々なテーマ、問題、状況において、あなたとパートナーの意見や感情は異なる。違いは時には小さく、時には巨大だ。この時気をつけなければいけないのは「私は正しい、間違っているのはそっち」の物語だ。一度これに囚われると自分の考えと感情は圧倒的に正しく、パートナーのは間違っているという前提で行動してしまう。それは親しさ、親密さを育む上で、どんな影響を与えるだろうか？

パートナーの感情を承認するとは、それを認めて受け入れることだ。つまり、これが今パートナーが感じていることだと理解する。そしてあなたが違う感情を持っていても、相手が自分の感情や思考を持つ権利を認める。あなたはアクセプタンス（受容）の態度を育てる。「君の考えや感情は僕のとは違う。この違いはあまり好きじゃないけど、そのための場所は喜んで作るよ」。

あなたがパートナーの思考や感情を判断するのは自然なことだ。それは人間に備わった性質だ。だがそれにしがみついたりせず、去らせることはできる。そして、パートナーのものの見方、彼女の感じ方、彼女の考え方という現実に心を開く。彼女が違った考えを持っていても驚くにはあたらない。二人は別の人間なのだ。そしてあなたが彼女のことを細かな部分まで、遺伝的・生物学的な面から脳の構造や神経システム、成長期の学習体験まで理解していれば、彼女の思考や感情は完全に自然で正常だということが分かるはずだ。たとえそれがあなたの思考と大きく違っていても。

承認とは、パートナーの考えや感じ方があなたのものと違っていても、独自の思考や感情を持つのは何の問題もないということを相手に告げることだ。もしそうすることに抵抗があり、パートナーの考えや感情が間違っているという物語に固執するなら、あなたが支払う代償を考えてみよう。あなたの関係はどんな影響を受けるだろうか？　承認は気遣いの行動だ。それはあなたがパートナーに同意するということではない。相手の考えや感情を認め、好きになる必要もない。ただ単に彼を受け入れ、彼が自分自身でいることを許すというだけだ。

あなたが攻撃や批判、価値判断、反論、相手の意見を軽んじる、はねつける、無視するなどの行動に出るとする。それらは「承認を無効にする」行為だ。パートナーの感情を無効にすると苦痛で破壊的な結果を生む。それは信頼を破壊し、親密さを阻害する。パートナーを本当に承認するには、理屈の通った考えや価値判断を放棄するだけでなく、自分が感じる不快感に居場所を作ってやる必要があるのだ。パートナーが自分の世界を明らかにしたことで不快な気分を味わうことも多いだろう。その程度は不安からイライラ、フラストレーション、罪悪感までさまざまだ。あなたに課せられた挑戦は、たとえ不快感が存在しても、それと戦わずにすむほどに心を開くことだ。

つまり、承認はマインドフルネスによって生まれた心の余裕から始まるのだ。次にあなたは言葉か行動でフォローする。行動には、手を握る、抱きしめるなどから、静かに腰掛けて相手にマインドフルな注意を向ける、などがある。言葉には以下のようなものがある。


「おっと、これは痛い」

「あなたがそう感じるのも無理はない」

「これはあなたにとってとてもつらいことだと思うよ」

「私にもっと話してほしい」

「私はあなたの役に立ちたい」

「つらかっただろう。僕に何かできないか?」


これらはほんの一例だ。どんな言葉や行動が承認と感じられるか、パートナーと話し合ってみてはどうだろうか? 承認は、長い間には莫大な見返りをくれる。特に次のものに関しては。

■より良いセックスライフを実現する

多くのカップルは、自分たちの関係を二つに分けている。セックスライフと、その他の生活だ。この分け方はしばしばうまくいかない。セックスは、快楽によって相手とつながる、単なる行動と捉えた方がよい結果になる。ある人々は、今現在、切断、反応、回避に満ちた目も当てられないような関係にはまっているにもかかわらず、素晴らしいセックスライフを送れるはずだと考えている。だが考えてみて欲しい。まれに例外はあるかもしれないが、あなたの関係にＤＲＡＩＮ――切断、反応、回避、心の内部への拘束、価値の無視――が存在する場合、あなたのセックスライフにネガティブな影響がないわけがない。外で愛のつながりが持てないのに、寝室で持てるはずがないと思うのだが。

一般的なルールとしては、セックスライフが充実していない場合、関係の他の側面のＤＲＡＩＮを取り除いてみよう。気遣い、接続、思いやり、信頼などを再構築すると、より良い、楽しいセックスライフにつながる。逆に、関係が緊張感に満ちている時にセックスライフを改善しようとしても、うまくいく見込みはあまりない。だが一度関係が発展すれば、ＬＯＶＥ――思考を解き放つ、心を開く、価値づけをする、現在に集中する――を実践し、セックスライフを向上させることができる。

■セックスと解放すること

セックスライフの改善のために、どのような役に立たない期待、ルール、価値判断を解き放つべきだろうか？　よくある例を以下に挙げよう。

●パートナーは自分と同じ性的指向を好む（少なくとも承諾する）べきだ。
●パートナーは、もっと頻繁にセックスを望むべきだ／もっと回数を減らすべきだ。
●パートナーは、もっと強い勃起力／オーガズムを持つべきだ。
●パートナーは、もっと簡単に／頻繁に／もっと素早く／もっとゆっくり、勃起あるいはオーガズムに達するべきだ。

もしあなたがこれらの期待とフュージョンしていたら、不安やフラストレーション、失望を頻繁に感じることになるだろう。なぜか？　オーガズムや勃起、個人の性癖、性的欲求は人それぞれでまったく異なるだけでなく、毎週、毎日変化するものだからだ。あなたが自分の期待にあまりに固執すると、すぐに現実と戦うことになる。

セックスに関しては、「私は正しい、間違っているのはそっち」の主張はしばしば「私はノーマル、あなたはアブノーマル」にすり替えられる。こうした物語に囚われると、特にそれが前戯や体位、マスターベーション、性的玩具について、あるいは「いつ、どこで、どのように」セックスをするかについての場合、厄介なことになる。自分の物語に固執すると快楽よりも対立に巻き込まれてしまう。行為、テクニック、容貌に対する価値判断も同様だ。あなたがそれらを手放さないと寝室に厚い心の霧がかかってしまうだろう。それらの物語に気づき、名前をつけ、固執しないようにしよう。

■セックスと自己開示

あなたはセックスライフを発展させるために積極的に新たなやり方を模索する（あるいは古い方法に再挑戦する）だろうか？　そうであればアレックス・カンフォート著『完全版ジョイ・オブ・セックス』（河出書房新社）をお勧めする。この本はセックスライフを向上させるアイデアに満ちている。だがもしあなたが新しいことを試したり、古いやり方を再発見したり、あるいは長いブランクの後、セックスライフを再開するのであれば、不安や弱さ、緊張、恥ずかしさ、居心地の悪さを感じるかもしれない。少なくとも最初のうちは。あなたはこうした感情に心を開けるだろうか？　よりよいセックスのために、それらの感情に居場所を作ってやれるだろうか？

もちろんあなたは自分に対する気遣いと自尊心についての価値を守る必要がある。これらの基本的な価値を損なうような行動をしてはならない。忘れないでほしいが、親密さとは喜びの行動なのだ。

自分の意志に反する、誰かに強要されてする行動は断じて親密さではない！

■セックスと価値づけ

セックスに関するあなたの価値はなんだろう？　相手との接続、気遣い、官能、肉体的な喜びを分かち合うこと、自分の性的傾向を表現すること、愛を確かめることだろうか？　多くの人がセックスを、ゴールに向けた行動だと捉えている。すべてはオーガズムのためだと考えているのだ。オーガズムは快楽を得られる経験だが、それがあなたのセックスライフの「究極の目的」になってしまうと、遅かれ早かれ問題を生み出す。なぜか？　あなたかパートナーが勃起やオーガズムを得られないさまざまな状況があり得るからだ。またはあまりに早く、あるいは遅く終わってしまう、あるいはまったくいかない場合もある。よくある理由として、疲れ、ストレス、不安、うつ、肉体的な病気、ドラッグ、アルコール、加齢によるもの、または関係がもたらす緊張などがある。時にはこれという理由なしにうまくいかない時もある。「ダメなものはダメなんだよ」

以下はよくある物語だ。「セックスの目的はオーガズムに達することだ。それがないのはダメなセックスだ」。この物語に執着すると何が起こるだろうか？　この態度は、あなたの能力と目的達成に対する大きな足枷となる、緊張に満ちた雰囲気を作り出す。これは「パフォーマンス不安」と呼ばれるものに私たちを引きずり込む。私たちがセックスをしようとする時に現れるストレスやプレッシャー、あるいは失敗への恐怖だ。そして問題は、あなたがストレスや不安を感じていると性器の「スイッチが切れ」てしまい、オーガズムに達する、射精をコントロールする、勃起し続ける等がほとんど不可能になることだ。つまり、「行為」にプレッシャーを感じるほど、セックスについての問題は増えていくのだ。この悪循環に気づいただろうか？　このサイクルが続くとセックスは不快な気分だけになり、やがてどちらか、あるいは二人ともそれを避けるようになる。

セックスそれ自体を目的とせず価値に重きを置いてみると、この悪循環はすぐに解消される。勃起やオーガズムを追い求めるのではなく、セックスを相手とつながり気遣う手段とするのだ。この態度を持てればあなたは自由になれる。あらゆる面で接続と気遣いが起こり始める。勃起やオーガズムがあろうとなかろうと。こうした価値は、キス、抱擁、マッサージ、オーラルセックス、マスターベーション、あるいは一緒に風呂に入ったり、服を着たままソファで寄り添うことでも示すことができる。ベッドの中で、セックスせずに互いの体を探求しあうことも可能だ。様々な方法で触れあい、気持ちのよい触れ方を試してみることとも、乳房や性器だけでなく、体のあらゆる部分に触れてみることもできる。シンプルに快感を共有し、接続の感覚を生み出すことで、オーガズムを目的とせずにセックスをすることもできる。あなたの心は言うかもしれない。「これはセックスじゃない！」。だがセックスに固執して何になるだろうか？

是非ぜひ憶えておくべきなのは、気遣いの価値は非常に大切ということだ。当たり前のことだが、セックスはいつもあなたの望む通りにはならない。人は、望まないことが起こり、心に囚われたり反応モードに陥ると、相手を傷つける発言や行動をして信頼や親密さを台無しにしてしまう。結果、長期的にはセックスライフも悪化する。教訓は明らかだ。「あなたの価値を気遣いに置くこと、そして何が起きようと、「安全な」セックスをすることだ」

■セックスの楽しみ

マインドフルネスは肉体的な親密さを大きく発展させてくれる。キス、ハグ、愛撫、鼻先での愛撫、手をつなぐ、さする、服を脱がせる、抱擁する、あるいは前戯、オーラルセックス、セックスなどにおいて、快感と同時に深く接続した感覚を強めてくれる。自分の体の感覚やパートナーの反応に注意を向ける時、セックスは楽しく、夢中になれる経験となる。それは、思考に囚われ、オーガズムという目的に縛られている時よりもはるかに素晴らしい体験だ。

■選択肢はいくつもある

「親密さ」の定義を三つの要素、肉体、感情、心理にまで広げると、それを作り上げる方法もたくさん現れる。いくつか例を挙げよう。自分の感情を口に出す、希望や夢をシェアする。抱きしめる、人生についての自分の信条を話し合う、手を握る、自分が最も恐れるものを告げる、情熱的なキスをする、一緒に風呂に入る、楽しい思い出を語り合う、セックスをする、休日の計画を立てる等。二人が互いに心を開き、積極的で、気遣いがあれば、親密になる機会は無限にある。必要なのはあなたの想像力だけだ。

第22章　古い言葉の新しい解釈

人生において私たちは傷つく。誰かが意図的に傷つけてくることもある。それは人種差別かもしれないし、偏見、競争によるもの、復讐かもしれない。あるいは怒り、残酷さ、時には他者に自分を印象付けるための行動かもしれない。もっと多いのは、心配、不安、羨望、妬み、純粋な無知などによって意図せずに人を傷つけるケースだ。

特に無知は人を傷つける大きな原因だ。今まで何回くらい、傷つけるとは夢にも思わなかった言葉や行動で、自分が気遣っている人をうっかり傷つけてしまったか思い出してみよう。不注意もよくある原因の一つだ。自分の行動や、それが及ぼす影響についてよく考えなかったために、誰かを怒らせたり傷つけたことが今までどれくらいあっただろうか？　あるいは自分の思考や感情、問題に囚われ他者のことを考えられなかったことは？

動機が何であれ、誰かに傷つけられると私たちは痛みを感じる。そして、起こったことは取り返しがつかない。時間を巻き戻して修正することはできない。時には痛みを受け入れて人生の歩みを進められることもある。だが多くの場合、その体験にこだわってそれを拡大してしまう。例えば私たちは、起こったことに腹を立て周囲に八つ当たりする。そしてしばしば他者を傷つける。あるいは、苦痛の記憶を何度も思い出し、繰り返し自分を無意味に傷つける。復讐の妄想にふけるかもしれない。だがそれは怒りと恨みを増幅し、不満をさらに募らせるだけだ。酒を飲んだりタバコを吸ったり、食べたり、ドラッグをやったり、あるいは他の方法で苦痛から気を逸らそうとする。

私たちの心はこんなことをささやく。「なぜだ？　何でこんなことが私に起こるんだ？　これはフェアじゃない！　こんな目にあう謂れはない」。苦痛が深刻だったら、心は「これは決して直らないよ」と言うかもしれない。「これは修復不可能なダメージだ」あるいは「それは当然の報いだ」とささやくかもしれない。一つだけ確かなのは、こうした物語に浸りきると、あなたの健康や活力が損なわれてしまうということだ。

何かのきっかけで過去を思い出した時、苦痛の思考や感情が現れやすくなる。それを止めることはあなたにはできない。それは脳の構造のせいなのだ。しかしあなたがこれらの思考や感情を握りしめ、解き放つのを拒否すると、それは激しい恨みに変化してしまう。それは癒しを拒み、代わりに傷口に塩を擦りこむ。恨み（resentment）はフランス語の resentir（再び感じる）から来ている。あなたが恨みを握りしめていると、苦痛を再生させてしまうことになる。何度も繰り返し再生させるのだ。

仏教にこんなことわざがある。「恨みはちょうど、真っ赤に燃えた石炭を誰かに投げつけようと握っているようなものだ」。過去の痛みを抱え込むのは、怒り、恨み、復讐心を養うようなものだ。これらの感情は、あなたを傷つけた相手ではなくあなたを傷つける。ナイフで自分を傷つけ、相手が血を流すのを期待するようなものである。

■恨みの解毒剤

恨みの解毒剤は何だろうか？　答えは「許し」だが、これはあなたの気に入らないかもしれない。ＡＣＴではこの古い言葉の新しい解釈を用意している。いやむしろ古い解釈と言うべきか。「許し（forgiveness）」は「与える（give）」と「以前（before）」から来ている。つまり許しは「かつてそこにあったものを自分に返す」と解釈することもできる。「悪いこと」が起こり、あなたに怒りと恨みが残った。「悪いこと」が起こる以前、あなたは何を持っていたのだろうか？　それは心の平和と満足だったはずだ。あなたは惨めに過去を思い悩まず、現在に生きていた。そして「許し」はこの状態を取り戻すことだ。それは他者に何かをしてやることではない。許しは純粋に自分の利益のためにすることなのだ。

以下はＡＣＴ流の許しの解釈だ。

●許しはあなたの苦しみを和らげ、人生をうまくやっていくためのものである。

●許しは起こってしまった悪い出来事を忘れることでも、容赦し、見逃し、矮小化することでも、あるいは正当化することでもない。

●許しは、それに関わった人々にあなたが何か言ったりしたりしなければならない、ということではない。

●許しは自分だけのためにすることだ。かつてそこにあったもの、あなたの人生、幸福、活力を自分に取り返すことだ。

■許しには何が必要か？

許しに必要なのはＬＯＶＥ――思考を解き放つ、心を開く、価値づけする、現在に集中する――だ。苦痛な思考や記憶が現れたら、まず解き放ってみよう。それが存在することを認め――必要なら名前をつけよう――川を流れる葉っぱのごとく、来て去るにまかせよう。あるいは手の中で握り潰し、手を開いて言おう。「解き放つよ」。この瞬間にしていることに意識を集中してもよい。見えるもの、聞こえる音、感触、味、匂いに意識を向けよう。ショーの舞台の照明をつけると、これらの思考や記憶は巨大なスペクタクルのほんの小さな一部になってしまう。

怒りや恨みなどが現れた時は、第十二章で紹介したＮＡＭＥを実践し、手なずけよう。感情に気づき、感情を承認し、感情に居場所を作ってやり、気づきを広げよう。感情に働きかけたり争ったり、くよくよ考えたりせず、それが現れて消えるのを許そう。

ここで再び心理的柔軟性の原則に戻ろう。今に存在し、心を開き、今すべきこと――つまり、自分の価値に沿ったことをする。これらを意識的に選択し、無意識の自滅的な行動――攻撃する、過去についてくよくよ考える、食べ物、酒、ドラッグ、テレビなどで苦痛を紛らわすなど――を避けるようにしよう。もちろん言うのは容易だが、自然にできることではない。だがあなたが健康や活力、心の平穏、現在に生きること、人生を切り抜けていくことに価値を置いているなら、努力してみる価値があるのではないだろうか？

■パートナーが乗り気なら

多くのカップルが、許しの儀式には癒しの効果があると言っている。以下はその基本的な要素だ。想像力を駆使してこれらを自分向けにカスタマイズしよう。

ステップ１：二人がそれぞれ、以下の三つの文章を完成させた手紙を書き、相手に渡す。

●私がずっと抱えている思考、感情、記憶は～である。

●これらを抱えていることは、～の理由で私たちの関係を傷つける。

●私は～という価値に基づいて、より良い関係を作りたい。
ステップ2：二人とも、手紙の最後に自分の言葉で、これらの苦痛の思考や感情を握り締めることなく、自然に現れ去るに任せる、という誓いの言葉を書く。
ステップ3：特別な場所を選んでそれぞれの手紙を声を出して読む。場所は家の特別な部屋でもよいし、公園でも浜辺でもよい。一人が読んでいる間、もう一人はマインドフルに、思いやりをもって聞く。
ステップ4：再出発を象徴する行動をする。手紙を焼いて灰をばらまくなど。
ステップ5：愛をもってつながる行為をする。キス、抱擁、食事に行く、一緒に風呂に入る。

■信頼はどうすれば生まれるか？

許しは信頼とは別のものだ。もしパートナーがあなたを騙したり、裏切ったり、欺いたりしたら、信頼を修復するのには長い時間が必要になる。そこで次に検討するのは、トラストファンド、信頼のファンドをつくることだ。

第23章　信頼のファンドをつくろう

「何で私をこんな目に合わせるの？」

「どうして彼女なんか信頼したんだろう？」

「こうなることがどうして分からなかったんだろう？」

「どうやったら再び彼を信じられるの？」


愛する誰かがあなたを騙したり裏切ったら傷つくだろう。傷が癒えるまで長い時間が必要になる。パートナーが浮気したり、嘘をついたり、騙したり、裏切ったり、あなたを操ろうとしたり、害を及ぼしてきたら、あなたは関係を続けるか別れるかの選択をしなければならない。これはかなり難しい。選択にはあらゆる要素が絡んでくる。子供、お金の問題、情状酌量すべきか、裏切りの性質、過去に何回起きたかなどが関わってくる。なので、この難しい決断をする間、自分への思いやりの練習を充分に行おう。自分の痛みとストレスを認め、自分に優しくなろう。

■盲目的な信頼 VS. マインドフルな信頼

もしあなたが関係を続けることを選択したら、いくつか面倒な仕事をしなければならない。あなたが深く信頼していた誰かに傷つけられたり虐待されたり、騙されたなら、その相手と一緒にいて安心感を得られるようになるには長い時間がかかるだろう。したがって、関係を続けるならば、疑惑、不安、疑い、嫉妬、憂鬱などの思考や感情が山ほど現れるのを覚悟すべきだ。関係を生き返らせ発展させるために、信頼を再構築するという難しい作業をする間、これらの感情に積極的に心を開き、居場所を作ってやれるだろうか？　答えがノーならあなたは行き詰まる。そして、関係を離れるか、真剣に取り組む決心をするまでその状態が続くだろう。

答えがイエス、つまり修復のために喜んで困難を受け入れる場合、「盲目的な信頼」と「マインドフルな信頼」の区別をつけることが大切になる。盲目的な信頼とは、相手が信頼に足るかどうかを判断せずにそうすることである。「マインドフルな信頼」は、よく目を開いて相手を見ること、パートナーの言葉や行動を判断し、それにふさわしい相手と思ったら信頼する。関係を修復する時、次の質問を心に留めておこう。

- パートナーは正直で隠し事などせず、信頼するにふさわしいか？　それとも嘘つきで、隠し事をし、騙そうとする人間か？
- パートナーは誠実か？　言行は一致しているか？
- パートナーは信頼できるか？　口にした約束を守っているか？
- パートナーは責任感があるか？　行動の結果について考慮しているか？
- パートナーは有能か？　約束を果たせるだけの力があるか？

パートナーが誠実で有能で、責任を持って信頼できる行動をするなら、そしてあなたが相手の言葉を盲信せずに、それをその目で確認できるなら、また相手がそれを長期間続けられるなら、信頼は徐々に回復されるだろう。

　覚えておきたいのは、信頼の感覚はコントロールできないということだ。コントロールできるのは行動だけだ。パートナーを再び信頼したいなら、小さな行動から始めよう。小さなことでパートナーを信頼し、相手がそれに答えてくれるか見てみよう。相手の言葉や行動を判定するのだ。パートナーが「信頼に足る」ことを証明できたら、時間とともにより大きな信頼を寄せ、結果を興味深く見守ってみよう。少しずつこれを続け、その間、まったく正常な反応である憂鬱、不安、疑いに場所を空けてやろう。パートナーの適切な行動が続くならば、しばらく後には信頼の感情が息を吹き返すだろう。それは、恐れ、怒り、悲しみなどの感情とは異なる、安心、心地よさ、安全などの感覚だ。

　当然、あなたは信頼の行動と自己防衛の間の適切なバランスを見つける必要がある。もしあなたの夫が浮気をした過去があるなら「今日は仕事で遅いよ」と言われた日にオフィスに電話するのは妥当なことだろう。あなたの妻が住宅ローンのお金をギャンブルに使ったことがあるなら、彼女の銀行口座に目を光らせるのも妥当だ。信頼が少しずつ積み上げられて行けば、こうした自己防衛行動は必要なくなる。ポイントは有効性のある、適切なバランスを見つけることだ。行動が自己防衛行動ばかりであれば、関係は決して修復されない。だが信頼ばかりで自己防衛を怠ると、愚かなリスクを背負うことになる。適切なバランスを見つけることと、（パートナーが信頼を保ち続けるとして）バランスは時間とともに変わっていくことを憶えておいてほしい。また、相手がした行為に応じて現実的な時間を設定することも大切だ。これは数か月から数年のこともある。

　最後に、確信を持つのは不可能だということを分かってほしい。パートナーが二度と裏切らないという確信がどうしても欲しいなら、関係を断つしかない。関係を続けるなら、不確実の感情に居場所を与えることができるだろうか？　「私はまた傷つけられる」という思いを手放そう。心の中のわだかまりに息を吹き込み、胸に巣くう緊張に居場所を作ってやろう。

■あなたがパートナーの信頼を裏切ってしまったら

この章は、あなたが裏切られた方だという前提で書いている。だが反対の立場というのも当然あり得る。あるいはお互いに裏切りあっているのかもしれない。もしあなたがパートナーの信頼を裏切ったら、それを取り戻すのに大変な努力を強いられる。自分が信頼でき、有能で、責任感が強く誠実であることを証明しなければならない。それも一回や二回ではなく、何度も繰り返して。パートナーからの疑いの目や、あなたを信頼するのを渋る態度にも居場所を作ってやる必要がある。また、「彼女はとっくに忘れてくれてもいいはずだ」とか「何で私を信頼するのにこんなに時間がかかるの？」などの物語を解放する必要が出てくるだろう。信頼のファンドを修復するのに数週間ですむこともあるし、数か月、数年の時もある。あなたはじっと忍耐力を育み、フラストレーションや焦りに居場所を与えてやれるだろうか？

パートナーの痛みを理解した時には、あなたは不安や悲しみ、罪の意識を感じるだろう。これらの感情に場所を空けてやれるだろうか？　それらに息を吹き込み、スペースを作ってやり、パートナーとの関わりに集中していけるだろうか？　彼女を避けるのではなく、彼女と共にいられるだろうか？　これはとても重要だ。もしこれらの感情を受け入れられないのであれば、あなたは自滅的な行動に追い込まれるだろう。例えば、怒ることでそうした感情を遠ざけてしまうかもしれない。怒りは人に活力をもたらすが、癒しと修復にとっては悪い兆候だ。ドラッグや食物、タバコやアルコールで感情を抑えつけることもできるが、健康や幸福の面で良くないことは明らかだ。あるいは気を逸らすためにやたらと忙しく働いたり、テレビを見たり、ネットサーフィンをするかもしれない。これらは膨大な時間を無駄にするだけで、あなたの関係にとって建設的なことは一つもない。さらには、苦悩するパートナーの姿を目にするのが嫌で、相手を避けるかもしれない。だがこうした忌避は、関係修復には大きな壁になってしまう。

これらの感情から逃げるのではなく、それをあなたの価値と接続するために利用しよう。あなたの感情が教える、あなたにとって大切なものは何だろうか？　それらの価値に基づいてあなたはどんな行動ができるだろうか？

また、これらの感情を利用して、あなたとパートナーのための思いやりを育てよう。そう、あなた自身も思いやりを受けるべきなのだ。自分を責めても過去は変えられず、起こったことを埋め合わせることもできない。自分を思いやることができるようになると、パートナーに対する優しさも深まる。そしてそれこそが、相手があなたに求めているものなのだ。

■衝動にかられた時には

私たちは時に、二人の関係をぶち壊すような行動をしたくなる時がある。パートナーに嘘をつく、騙す、操る、傷つけるなどだ。ＡＣＴの観点から言えば、こういうことに関して「間違い」や「異常」は存在しない。これらは正常な思考、感情、衝動であり、極めて普通のものだ。問題は常に「有効かどうか」だ。あなたがこれらの思考や感情に基づいて行動すると、短い間は喜びや満足が得られるかもしれない。だが長期的に見て、二人の関係を深め、強めてくれるだろうか？

あなたは衝動が起こることを止められないが、これらの感情への反応の仕方は選択できる。あなたが誰か他の人とセックスをしたいと思っているとしよう。しかし実際に行動に移す必要はない。自分の思考や感情にマインドフルネスを持ち込むことができるからだ。自動運転モードから気づきのモードに切り替え、手足を意識的にコントロールする。次に信用、尊敬、気遣い、公正さ、誠実さについての自分の価値に波長を合わせ、衝動ではなく価値に基づいて行動することが可能になる。これを一貫して行うことで、二つの恩恵が得られる。パートナーに、自分が信じるに足る人間であることを示せるだけでなく、自分自身への信頼も深められるのだ。これはとてつもなく大きな贈り物だ。人生は百万の方法であなたを試してくる。自分を信頼してうまく切り抜けた時、自分に強力な援軍がいることが分かるだろう。

第24章　自分を解放する

私が子供の頃、よく「キング・オブ・ザ・キャッスル」という遊びをした。二人で丘や斜面を競走したり、高い壁をよじ登ったりして、最初に頂上に辿り着いた方が下にいるもう一人に叫ぶ。「私はこの城の王だ。お前は汚い悪党だ！」。「王」になれば最高の気分だ。世界の頂点にいて勝ち誇り、「汚い悪党」を見下して笑っている。当然、汚い悪党は気分が良いわけがない。残念なことに、大人になっても似たようなゲームをしているカップルは多いのだ。

■自分をパートナーと比較する

あなたの心はあなたとパートナーを比較したことがあるだろうか？　そして、あなたの方がパートナーより優れていて賢い、あるいは強いと主張するだろうか？　心は、あなたにはもっといい人がいるとささやくだろうか？　逆に、あなたはパートナーより立場が低く、劣っていて、愚かで弱いと言うだろうか？　それとも二つの間を行ったり来たりするだろうか？　自分についての物語は私たちの気を引くのが非常にうまい。簡単に私たちを引き込み、虜にしてしまう。あなたが「私の方が優秀」の物語に囚われたら、パートナーを見下し、その考えを却下し、相手が必要としているものを軽視し、尊敬もしなくなるだろう。逆に「私は劣っている」の物語に囚われると、不安や拒否の恐怖に苛まれ、むやみに安心感や承認を求め、自分自身のことには無頓着になる。つまり、こうした物語を抱え込んでも何の役にも立たないのだ。

あなたの心は反論するかもしれない。「でもそれは真実だ！」。だが考えてみよう。あなたの心が、あなたの方が優秀であることを証明したいなら、パートナーに勝っている部分を山ほど見つけ出すだろう。逆に劣っていると証明したければ、パートナーの方がうまくできることを見つけられる。常にどちらも可能だ。なぜならどんな二人の人間でも、比較すれば強みと弱みがあるのは当然だからだ。優れていると感じるためには自分の強みばかりに意識を集中する。逆に劣っていると感じたければ、弱い部分に意識を向ける。断言するが、よく観察すれば長所も短所も尽きることはない（私が「強み」「弱み」と表現したことにお気づきだろうか。これらは価値判断であり事実ではないことを思い出してもらうためだ。ある人が弱みと判断することは、他の人から見ると強みになる。私は悲しい時、気兼ねなく泣けることを強みだと思っているが、弱みだと考える人もいるだろう。特に「男は泣くものではない」という物語に融合している人々は）。

自己評価を好きなように「証明」できてしまうとすれば、なぜそれに反論しようとして時間を無駄にするのか？　「正しいか間違いか」の議論をするよりも、有効性の面から見てみよう。自分に正直に尋ねよう。自己評価にしがみついていることは関係を豊かで実りあるものにしているだろうか？「私はパートナーより優れている」という考え方は気分を良くしてくれるかもしれないが、大体いつも横暴さや自分勝手、利己主義につながり、平等や公正さの価値に反することになる。「私は劣っている」という思考を抱き続けると、自信の欠如や嫉妬、うつ、不安、安心を求める気持ちが強まり、またセルフケアや自尊心などの価値を無視することになる。つまりどちらの物語も関係にとって良いことはないのだ。

それがポジティブであれネガティブであれ、私たちの自己イメージにはあまりこだわらない方がよいことは分かってもらえたと思う。心がポジティブな自己イメージを持っていれば、あなたは微笑みながら「うーん、なかなか面白い物語だな」と言おう。ネガティブな自己イメージなら、やはり微笑みながら「面白い物語だ」と言う。もし心があなたとパートナーの比較を始めたら笑って言おう。「おっと、また「比較の物語」だよ！」

他の思考と同様、あなたは自己イメージにとりあわず、好きにさせておくことができる。通りを走る車、あるいは流れに浮かぶ葉っぱのように。そしてこうした自己イメージにはまることなく、自分の価値に従うのだ。あなたはどんなパートナーになりたいだろうか？　どんな価値を支持したいか？　あなたは平等、公正さ、尊敬、気遣いなどの価値を持っているか？　もしあなたが自己イメージではなく、これらの価値に従って行動したらどうなるだろうか？

■行動を変える：言うは易しだろうか？

長い間続いた行動パターンを変えるのは簡単ではない。あなたの心は長年にわたって「自分は優秀だ」あるいは「劣っている」（または両方）と言い続けてきた。あなたもこうした物語を受け入れ、浸りきることを習慣としてきた。それらを抑えることが難しい場合は、第10章で練習した流れに浮かぶ葉っぱのエクササイズか、第11章でやったマインドフルな呼吸のエクササイズを五分か十分、一日一回か二回やってみて欲しい（多いほどよい）。あなたが何度もマインドフルネスの「心のスペース」に入るほど、自分を力づけてくれるもの、言葉では表現できない、より高い自己を発見するだろう。ＡＣＴではこれを「観察する自己」と呼んでいる。

私たちは「自己」をさまざまな言い方で語ることができるが、西欧では二つの言い方に限られる。一つは肉体的な自己――私たちの体であり、もう一つは思考する自己――私たちの心だ。だが、そこには前にも触れた、私たちがマインドフルネスをする時に使う三番目の自己が存在するのだ。私たちが自分の呼吸を観察している時、それを見ているのは誰だろうか？　あなたが頭の中でつぶやく声に気づく時、気づいている実体は誰なのだろうか？　呼吸を観察する時、観察しているのは誰か？　自分の感情に気づく時、気づいているのは誰か？　ＡＣＴでは自分の中のこの存在を「観察する自己」と呼ぶ。これはすべての人間に備わっているもので、西洋文化では見過ごされているものだ。

日常の一般的な会話で、私たちは「心」という言葉を使うが、それが二つの部分、思考する自己と観察する自己に分かれていることは知らない。思考する自己はよく知られている。それは決して途切れることなく、言葉やイメージ、思考、信条、記憶、夢、計画、白日夢、意見、価値判断などを紡ぎ出す部分である。私たちが心と言う時、それは思考する自己を指す。だが人々は、密かに見ている観察する自己というコンセプトを知らない。日常的な言葉にはそれを表すものがない。もっとも近いのは「気づき」や「意識」といったものだ。

思考する自己と肉体的自己（あなたの体）は二人三脚で人生という舞台を創造していく。肉体的自己は五感を通して世界とやりとりし、その過程で見る、聞く、触れる、味わう、嗅ぐなどの感覚を作り出していく。一方、思考する自己はすべての思考、記憶、イメージを作り出す。あなたの感情や情動は知覚やイメージ、記憶、思考が融合した産物なのだ。つまり思考する自己と肉体的自己は共同して人生というショーを生み出すのだ。それはあなたのすべての思考とすべての感情、そしてあなたが見て聞いて触れて味わって嗅いだすべてのもので構成されるスペクタクルだ。このショーは刻一刻変化していく。観察する自己はあなたの中のショーを見ることのできる存在だ。それはショーのどの部分にも注目できるし、少し下がって全体を見通すこともできる。そして、ショーは常に様相を変えていくが、観察する自己は不変だ。あなたがやったすべてのマインドフルネスのエクササイズは、観察する自己が関係している。あなたが自分の思考を観察する時、呼吸に意識を向ける時、感情に注目してそれに居場所を作ってやる時、心を開く時、解放する時、現在に集中する時、あなたの観察する自己が働いている。〈観察する自己についてもっと知りたければ、私の最初の著書、『幸福になりたいなら幸福になろうとしてはいけない』〈筑摩書房〉を読んでほしい〉。

観察する自己は、あなたが自己評価から解放されようとする場合、力強い協力者となる。そして自己評価があなたの思考の集合体以外の何者でもないことを分からせてくれる。それが真実であろうとなかろうと、思考は人生という驚くべきショーのほんの小さな一部なのだ。舞台から数歩下がってショーを見てみればよく分かる。あなたは思考の本当の姿を見極めることができる。それは言葉やイメージ、音でしかない。それが真実かどうかはどうでもよい。大事なのは、それに過度に執着すると問題が起こるということだ。

観察する自己の「心的空間」の中では、あなたの自己評価は根拠を失う。舞台から距離をとるほど、この物語のありのままの姿が見えてくる。それはショーの主役になることに必死で、あなたの気を引こうとしている演技者なのだ。自分だけがスポットライトを浴び、舞台の他の部分を真っ暗にしておこうとする。試みは時に成功する。だがマインドフルネスのスキルに習熟すると、一人の演技者に舞台を支配させることはなくなり、ステージ全体に光を当てることができるようになる。

最初のうちは自己評価を解放することは心地よくないかもしれない。例えばあなたが「自分は優秀」の物語に浸っているとすると、それを解放した結果、心配や不安、あるいは自信喪失に襲われるかもしれない。また、「自分は劣る」の物語を解放し、自尊心、セルフケアを中心とした価値に従って行動すると、拒否や傷つくことへの恐れを感じるかもしれない。

そこで自分に問いかけよう。「私はより良い、豊かな関係を作るために、不快な感情に居場所を作ってやれるだろうか？」。答えがイエスであればＬＯＶＥ——思考を解き放つ、心を開く、価値に基づいて行動する、現在に集中する——のエクササイズを実践する。答えがノーなら、自分が行き詰っていることを認め、再び動けるようになるまでセルフ・コンパッションの練習をしてみよう。

第25章　お楽しみはここからだ！

今まで触れてこなかった重要な価値の一つに、「楽しむ」がある。この価値を無視すると、関係は重く深刻になる。ことわざにもあるように、「勉強ばかりで遊べない子供は馬鹿になってしまう（よく遊びよく学べ）」は大切なのだ。

■接続の儀式を設定する

残念なことに、忙しくストレスの多い私たちの人生では、楽しみや遊びは置き去りになってしまう。だからこそ習慣的な「接続の儀式」は非常に有効なのだ。接続の儀式は、パートナーとのつながりを強めることを主な目的としてあなたが日常的に行う行動である。この儀式を楽しみやゲームとして、喜びの分かち合い、お互いの支え合い、愛情表現、そして親密度を深めるために使うことができる。シンプルな接続の儀式は、次のようなものだ。

- 仕事から帰ったらどんな一日だったか話す。
- お酒を飲んで心の交流をする。
- デート、ディナー、映画、ボーリング、ダンスなどに出かける。
- 一緒に運動をする。走る、泳ぐ、ウォーキング、ヨガなど。

●精神的な活動をする。瞑想、教会に行くなど。
●二人で趣味、工芸、あるいは他の創造的な行動をする。
●ゲームをする。
●家族で外出する。
●ディナーに友人を招待する。
●肉体的な親密さを求める。ソファで寄り添う、セックスをする。

つながるための時間を持つことは、長く健康的な関係にはとても重要なことだ。このリストを利用して考え、次に日記かワークシートにあなたの儀式についてのアイデアを書き出してみよう。

■パートナーが乗り気なら

もっと頻繁に接続できる方法について二人でブレインストーミングしよう。先に紹介した方法を参考にしてもよい。過去に接続した際に使った方法について考えてみるのもよい。アイデアのリストが出来上がったら一番有効なものを選び、それをいつどこで使うか決めよう。

多くのカップルが、「デートナイト」を決めることは非常に役立つと言っている。週に一度、あなたとパートナーの二人でデートに行く。この時友人は誘わない。二人きりで楽しむのだ。悪くない考えだと思ったらカレンダーを取り出し、少なくとも一か月先までのデートの予定を書き込もう。こうしておかないと日々の忙しさにかまけてデートのことを忘れてしまう（一週間に一度が無理なら、状況が許す範囲でやってみよう）。

たくさんのカップルが有効性を認めているシンプルな儀式は、自分たちの関係について心を開いて話し合うことだ。二人の関係の状態を互いの視点から「点検」してみよう。ディナーの時や一緒に飲んでいる時にやってもよい。あるいは公園の散歩中、デートの時でも可能だ。二週間に一度こうした点検をするカップルもいる。一か月に一度の方がよいというカップルもいる。やってみて、自分に合う方を選ぶとよい。以下は、話し合いに使える質問の例だ。

●二人の関係でうまく行っていることは？　あなたがうまく行っていると認めることは何か？
●過去二週間でもっとも感謝したことは何か？
●パートナーとのつながり、満足感、愛、支持、理解、受容、気遣いを最も感じたのはいつか？
●二人の間でうまくいかないことは何か？　うまくやるために改善できそうなことは何か？

デートやその他の接続の儀式を行う時、面白くやれる方法、ゲーム、娯楽、楽しみを考えよう。お互いに以下の質問をし、答えよう。

●楽しくするためのあなたのアイデアは何だろうか？
●今までしたことで楽しかったことは何か？
●あなたを笑わせ、微笑ませることは何か？
●あなたが生きていることをもっとも実感するのはいつか？
●もっとも喜びを感じるのは何か？
●最近したことで一番楽しかったことは？
●今後できることでより楽しいことは？

これらの質問に答えたら、それを元に計画を立てよう。一緒に楽しみや満足を得るために、日常的にできる行動をスケジュールに入れよう（そしてそれをする時には完全に集中しよう。心に囚われていては真の楽しみは得られない！）。

■心を観察し続けよう

ＡＣＴは、あなたが常に自分の価値に沿った行動をすること、それについて考えること、話すこと、書き出すこと、そして瞑想することを推奨する。これによってあなたは、心の全体像を把握し続けることができる。あなたが役に立たない物語にはまり込んだり、ケンカや口論によって傷ついたり、パートナーとの相違にがっかりしたりイライラしたり、退屈したり身動きがとれなくなったり幻滅したり、裏切られたり不満を感じた時、常に価値に立ち返り、助けを求めることができる。価値はあなたを泥沼から引っ張り上げ、正しい道に戻してくれるのだ。

だがあなたの価値は、本箱の本のようにきちんと整っている訳ではない。それぞれの方向性がバラバラなこともある。したがって選別しなければならないことも多い。また状況によってはある価値が他のより優先されることもある。心理学者のジョン・フォーサイスはこれを立方体に例えている。立方体を手に持って回してみると、ある位置では一つの側しか見えない。だが二つないし三つの側が見える位置もある。しかし面は最大三つしか見えない。どのように持っても裏側にある三つの面は見ることができない。だがそれらの面が存在していない訳ではない。一時的に視界に入らないだけで、立方体を回転させると見える。同様に、価値もその時々で、あるものは前に来てあるものは裏に来る。そのためしたがって、心理的柔軟性の重要な一面は、必要な時に必要な価値にシフトすることだ。そのためにも価値にはあまり執着しない方がいい。他の思考と同様、強く握りしめると問題が起きるのは、価値も同じなのだ。そうなるとそれはルールになり、制約となって圧迫してくる。価値はあくまでコンパスであるという考えに戻ろう。時々コンパスを取り出して、自分が正しい方向に向かっているかをチェックしたくなるだろう。チェックが済んだら次に必要になるまでバックパックの中に放り込んでおこう。旅のあらゆる局面でコンパスを握りしめていたら楽しめるはずのものも楽しめない。

価値はとても役に立つ。どこに行こうとあなたと共にあり、いかなる場合もガイドとして力を与えてくれる。谷の霧から脱出するための覚え書きやモーニングコールとしても利用できる。なので、あなたが最後の章を読む前に第7章を再読し、自分の心をしっかりと見つめなおすことをお勧めする。こうしておけば旅の準備は万全だ。

第26章　冒険は続く

かつてマーク・トウェインは書いた。「タバコをやめることほど簡単なことはない。私にはよく分かってるよ。何しろ何千回とやめたからね」。タバコを吸わない人でもこの機知に富んだ言葉には共感するだろう。あなたは今まで何度「もうこんなことするもんか！」と言っただろうか？　そして恐らく三十分もしないうちに再びしてしまったのではないだろうか？　あなたはどのくらい頻繁に「この次はもっとうまくやるぞ」と考えただろう？　そして次の機会がやってくると、あなたはショックと恐怖を味わうことになる。まったく同じことを繰り返してしまうのだ！　深く根差した習慣は簡単にはやめられない。もし疑うなら自分をよく見つめよう。あなたは「悪い習慣」をすべて完全に追い出すのに成功したことがあるだろうか？（あなたの答えがイエスならば、おめでとう、あなたは世界の歴史上最初の完璧な人間だ。ぜひ本を書くべきだ）。

■現実主義と悪習の再発

二人の関係がトラブルに陥るまで、あなたもパートナーも数えきれないほどの自滅的な習慣を生み出してきたはずだ。そのいくつか、価値判断や規則、期待などとフュージョンしてしまう傾向などは子供のころから続いてきたものだろう。こうした習慣に気づくだけでは充分ではない。ＬＯＶＥ――思考を解き放つ、心を開く、価値づけする、現在に集中する――を繰り返し練習することがＤＲＡＩ

N——接続が切れる、反応的になる、回避する、心に囚われる、価値を無視する——を弱める唯一の方法だ。

とはいえ現実的になってみると、「練習によって完璧になる」を信じる人は裏切られる。完璧というものは存在しない。練習はより良い関係のスキルを身につける助けにはなるが、あなたの自己破壊的な習慣をすべて根絶やしにしてくれるわけではない。あなたもあなたのパートナーも行き詰り、ミスを犯し、「悪い習慣」に逆戻りする。これは何度も繰り返し起こる。

しかし、だからといって「あきらめる」必要はない。ただ「現実的」になればよいのだ。練習すればあなたは霧を追い払うことができ、価値に基づいて生きることがうまくなる。パートナーに集中し、ルールをわきまえたケンカをし、関係を修復し、許しと思いやりの練習をし、何かを頼むのがうまくなり、感謝を上手に表現でき、互いの相違を受け入れられるようになる。練習すればするほど未来の見通しは明るくなる。同時に非現実的な期待も解放してやれる。あなたもパートナーも、常に有効な行動をとれるわけではない。LOVEの原則をどんなに使っても、そしてそれがどんなに「第二の天性」になっても、それらを忘れてしまい、過去の自分に戻ってしまうことはある。

なので、私がカップルをカウンセリングする時、避けようのない「逆戻り」について話す。「さて、彼女は今後あなたに向かって叫んだり批判したりする代わりに、穏やかに尊敬の念を持って自分がイラついている理由を説明すると約束したね。彼女が誠実なのは間違いない。本気でそうしようと決心している。だが、彼女が二度と叫んだり批判したりしない可能性はどのくらいだろうか?」。彼女の約束をくじこうとして言っているわけではない。彼らに現実的になってほしいだけなのだ。

多くのカップルがこの発言に感謝してくれる。彼らの「完全なるパートナー」の物語への執着を解いてくれるからだ。もし片方が「いや、それでは不十分だ。それが二度と起こらないという確証が欲しい」と反論したら、有効性の話に戻る。パートナーが一夜にして変わり、二度と元に戻らないという期待を持っていてうまくいくだろうか？　その期待はあなたの受容と理解を促してくれるか？　それとも単に緊張と対立を深めるだけだろうか？

再発が許されない習慣もいくつか存在する。パートナーが他の相手とセックスする、あなたを肉体的に傷つける、お金を盗んでギャンブルに使う、などだ。そういう場合は再発の危険性を受け入れるよりも素直に別れた方がいい。実際多くの人々がそうアドバイスするだろう。だが、最後は人の意見でなくあなたの判断にかかっている。彼の過去にそうした行動があったとして、あなたが一緒にいることを選ぶなら、現実的になることが大事だ。彼がどんなに誓おうと、再発の可能性は大いにある（第23章を再読しよう）。

■失敗した時

人間はしくじるものだ。私はいつも、クライアントに何度も次の三つの質問をする。

●パートナーが失敗した時の、あなたの理想的な対応は何だろうか？
●あなたが失敗した時、パートナーにどんな対応を望むだろうか？
●二人のうちどちらかが失敗した時、その場をうまく収め、埋め合わせをするための理想的な言葉や行動は何だろうか？

三つの質問に答える前に、自分の価値を思い出し、自分がどんなパートナーでありたいか考えてみよう。「ドアマット」と「破城槌」、「サメ」と「子犬」について思い出そう。遊び心に溢れたこれらの単語は、自己破壊的な習慣、あなたがマインドレスになり、自動運転モードに入った時の行動パターンを表している。あなたがマインドフルに反応し、最も深い価値に沿って行動したとして、あなたかパートナーのどちらかが失敗した時、何と言い、どう行動するだろうか？　喜んで許し、思いを解放し、次の行動に移るだろうか？　苦痛の感情に居場所を作ってやり、役に立たない思考を解放し、状況を修復する方向で問題を話し合うだろうか？　パートナーが失敗した時に責めるのではなく、第18章で紹介した正の強化の原則を使い、正しいことをした時にすかさず感謝できるだろうか？　できないのであれば、あなたの意欲の欠如は長い間にどんな影響を及ぼすと思うか？

時間をとって先の三つの質問をじっくり考えて欲しい。そして答えを日記かワークシートに書き出そう。そしてもしパートナーが協力してくれるなら、一緒にエクササイズをして答えについて話し合おう。

■一緒にやってみよう

本書は一回読むだけでは充分に理解できないかもしれない。参考書として書かれたので、その主張を何度も読み返し、エクササイズを繰り返し、記憶を深めていく必要がある。私の願いは、あなたがこの本を何度も開き、あなたの状況に役立つ部分を見つけてくれることだ。覚えておくと良いことをいくつか挙げておこう。

- 愛と痛みはダンスのパートナーのようなものだ。二つは常に連携している。
- あなたは常に欲しいものを得られるわけではない。
- 完璧なパートナーなど存在しない。

●込み入った問題にシンプルな答えは滅多にない。
●パートナーをコントロールすることはできないが、自分の行動はコントロールできる。
●パートナーに影響を与えることはできる。その際、ムチよりもアメの方がずっと効果的だ。
●対立は避けようがない。だが礼儀をわきまえたケンカや関係の修復、そして思いやりの練習などはその悪影響をずっと弱めてくれる。
●愛の感覚は、やって来て去っていく。だが愛の行動はいつでもできる。

このリストはその気になれば数ページも続けられる。しかし本書の目的――あなたの関係を修復し深める――は、二つの主要な考えで表わせる。

1．DRAIN（切断する、反応的になる、回避する、心に囚われる、価値を無視する）を減少させる。
2．LOVE（思考を解き放つ、心を開く、価値づけをする、現在に集中する）を増加させる。

価値に関して、本書では主に気遣い、接続、貢献に重点を置いてきた。挙げることのできる価値は他にもたくさんあるが、この三つは特に重要だ。これらを無視して豊かな関係を築くのは、沼の上に城を築こうとするようなものだ。

私たちはまた、自分自身に働きかけ、最高のパートナーになることの重要性についても考えてきた。パートナーのどちらか一人がマインドフルに行動すると、多くの場合関係から緊張と対立が急速に消えていく。また、あなたがもっと気遣いや優しさ、育成、許し、受容、思いやり、自己主張、公平さ、尊敬などの価値に沿って行動すると、パートナーの反応もポジティブになりやすくなる。

　もちろんこれは言うは易く行うは難しである。いつものことだがそこには多くの障害が立ちはだかる。アルフレッド・D・スーザ神父の言葉を引用しよう。「長い間、本当の人生はこれから始まると思っていた。だがそこにはいつも障害があった。まず最初に解決しなければならない問題があった。まだ終わっていない仕事があった。誰かに仕えなければならない時があった。返さなければならない借金があった。それを片付けたら人生が始まると思っていた。そして最後に気づいた。こうした障害こそが人生なのだと」。

　親密な関係において、障害が尽きることはない。問題、困難、頭痛の種が様々な形をとって現れる。だが正しい姿勢を持っていれば、こうした難関も成長のきっかけになる。あなたの心理的柔軟性を高める機会をくれるだけでなく、二人の絆を強め、深めてくれる。必要な態度は積極性だ。前向きに学び、成長し、順応する。たとえ現実があなたの望む通りでなくても、それを喜んで受け入れる。二人の異なる部分について、建設的で気遣いのある解決方法を見出すか、それらを受け入れる。常に変化する人生に、柔軟で順応的な態度を積極的に持ち込む。苦難の時、退屈な時でもパートナーと積極的につながり、気遣い、貢献する。解き放つ、心を開く、価値に基づいた行動をし、現在に集中する。何度も何度も、諦めることなくこれを続けるのだ。

おわりに

ＬＯＶＥの原理はシンプルだが、簡単ではない。努力と練習、献身が必要になる。偉大な詩人ライナー・マリア・リルケは言った。「誰かを愛することは人間にとって最も難しい課題だろう。究極の、最後の試験であり証明であり、他の仕事はすべてこのための準備でしかない」。きつい仕事だが、幸いなことにその見返りはとてつもなく大きい。

愛は偉大な冒険だ。それは驚嘆と恐れ、喜びと痛み、苦難、歓喜に満ちている。犯しやすい間違いはそのすべてを抱きしめようとすることだ。驚嘆と歓喜はあなたを元気づける。痛みはあなたを温和にし、心を開かせる。冒険が続いている間はそれを味わおう。それを最大限に楽しもう。

そこから学ぼう。成長しよう。状況が厳しくなったら――必ずそうなる――自分に優しくなろう。そしてあなたが何を感じていようと、愛をもって行動しよう（ACT WITH LOVE）。

付録　終わったものは終わったもの

私は本書のこの部分を書きたくなかった。私としては、読者がＬＯＶＥ――思考を解き放つ、心を開く、価値に基づいて生きる、現在に集中する――を実践して問題を解決し、お互いの違いに折り合いをつけ、二人の関係がより強く深くなることを望んでいる。だが悲しいことに、そうならない時もある。

人間としてできることをすべてしてもうまくいかない時もある。もちろん、本書のような本を読んでも、役に立ちそうな助けがすべて網羅されている訳ではない。資料のリストに記したように、他にもたくさんの本がある。どれも非常に役立つものばかりだ。また、多くのカップルがセラピストやカウンセラー、あるいは何らかの療法、そして両者の組み合わせが非常に助けになったと語っている。だがもし、あなたが後戻りできないところまで来てしまい、別れることが正しい選択だと確信を持って言えるなら、愛を持ってそれを実行しよう。関係から離れる時も、自分の価値に従い、理想の自分を保ちながらそうしよう。友好的な別離や離婚は、関わっている誰にとっても良いことだ。子供がいる場合は特にそうだ。かつてのカップルが苦々しい訴訟や敵意に満ちた親権争いにはまり込むと、僅かな金を稼ぐ弁護士を除いて、誰もが惨めな思いを噛みしめることになる。

さらに心が痛むのは、親たちが相手を攻撃する武器として子供を使うことだ。この行為は子供たちをひどく傷つける。あなたが別離を選ぶ時、何を拠り所としてそうしたいだろうか？　復讐、苦い思い、敵意だろうか？　子供たちを法廷に引きずり出すことを望むだろうか？　どんな代償を払おうとも誰かを傷つけたいか？　それとも、後に人生の困難な時期を振り返った時に誇りに思えるようなこと、心を開くこと、正直さ、公正さ、優しさ、子供たちの利益を最優先することなどを目的としたいだろうか？

もう一つ考えてほしいことがある。あなたはどんな役に立たない物語を解き放てるだろうか？　復讐の物語は特に魅力的だ。「彼女は僕を傷つけたんだから、お返しに傷つけてやる！」あなたの心は、それをするとスカッとするぞとささやく。だがそうはならないだろう。たとえ復讐が短期間の満足をくれたとしても、あなたは後になって後悔するだろう。延々と続く苦い敵意に満ちた嵐にお金と時間とエネルギーを注ぎ込むことに何の意味があるだろうか？　長い目で見ると両者に何の利益ももたらさないのに？

また、あらゆる苦痛の体験はあなたにとって心理的柔軟性を鍛える機会になることも憶えておこう。ゴミの中からも金は見つかるのだ。あなたが地獄を体験しても、何らかの恩恵はある。その経験によって成長・進歩できることはないか、自分に問いかけよう。許し、思いやり、解放、マインドフルネス、あるいは受容について学べないだろうか？　私の経験を、大切な人々のために役立てられないだろうか？

何度も繰り返し、ＬＯＶＥの原則——解き放つ、心を開く、価値に基づいて生きる、現在に集中する——に立ち返って欲しい。それは関係のあらゆる段階、始まって間もない時期、円熟した時期、終わる時にも役に立つ。ＬＯＶＥはまた、あなたが経験したすべての関係の中でもっとも大切なもの、自分との関係にも役立つ。優しさ、気遣い、思いやりなどの価値に波長を合わせ、それを自分自身に向けよう。あなたが困難に直面した時、それは必ず役に立つはずだ。

ットメント・セラピー（ACT）第2版――マインドフルな変化のためのプロセスと実践』スティーブン・C・ヘイズ／カーク・D・ストローサル／ケリー・G・ウィルソン著、武藤崇／三田村仰／大月友訳、星和書店（2014）

Hayes, Steven C., Kelly G. Wilson, E. V. Gifford, Victoria Follette, and Kirk Strosahl. 1996. Experiential avoidance and behavioral disorders: A functional dimensional approach to diagnosis and treatment. *Journal of Consulting and Clinical Psychology, 64*(6): 1152-68.

Hite, Shere. 1976. *The Hite Report: A Nationwide Study of Female Sexuality*. New York: Seven Stories Press. 『ハイト・リポート――新しい女性の愛と性の証言』シェアー・ハイト著、石川弘義訳、パシフィカ（1977）

Neff, K. D. 2003. Self-compassion: An alternative conceptualization of a healthy attitude toward oneself. *Self and Identity*, 2, 85-102. 『セルフ・コンパッション――あるがままの自分を受け入れる』クリスティーン・ネフ著、石村郁夫／樫村正美訳、金剛出版（2014）

Nhat Hanh, Thic. 1976. *The Miracle of Mindfulness!* Boston: Beacon Press. 『〈気づき〉の奇跡――暮らしのなかの瞑想入門 』ティク・ナット・ハン 著、池田久代訳、春秋社（2014）

Weintraub, Stanley. 2001. *Silent Night: The Story of the World War I Christmas Truce*. New York: The Free Press.

お勧めの本と参考文献

●お勧めの本

Comfort, Alex. 1991. *The New Joy of Sex*. New York: Crown Publishers. 『完全版ジョイ・オブ・セックス』アレックス・カンフォート著、安田一郎／青木日出夫訳、河出書房新社（2003）

Gottman, John, and Nan Silver. 1999. *The Seven Principles for Making Marriage Work*. New York: Three Rivers Press. 『結婚生活を成功させる七つの原則』ジョン・M・ゴットマン／ナン・シルバー著、松浦秀明訳、第三文明社（2007）

Harris, Russ. 2008. *The Happiness Trap: How to Stop Struggling and Start Living*. Boston: Trumpeter Books. 『幸福になりたいなら幸福になろうとしてはいけない――マインドフルネスから生まれた心理療法ACT入門』ラス・ハリス著、岩下慶一訳、筑摩書房（2015）

McKay, Matthew, Patrick Fanning, and Kim Paleg. 2006. *Couple Skills: Making Your Relationship Work*. Oakland, CA: New Harbinger Publications.

Walser, Robyn D., and Darrah Westrup. 2009. *The Mindful Couple: Using Acceptance and Mindfulness to Enhance Vitality, Compassion, and Love*. Oakland, CA: New Harbinger Publications.

●参考文献

Gottman, John, and Nan Silver. 1999. *The Seven Principles for Making Marriage Work*. New York: Three Rivers Press.（既出）

Hayes, Steven C., Kirk D. Strosahl, and Kelly G. Wilson. 1999. *Acceptance and Commitment Therapy: An Experiential Approach to Behavior Change*. New York: Guilford. 『アクセプタンス&コミ

謝辞

どんな本にも、その背後に数千人の「出演者」がいる。そのほんの一部の人々に感謝を捧げたい。まず最初に、そして最後にも述べるが、愛と助力を惜しまず注いでくれた私の妻カーメルに。私が何時間も休みなくコンピュータにかじりつき、ワークショップのために国中を飛び歩き、家を空けていたことに文句ひとつ言わず耐えてくれたばかりでなく、役に立つ様々な情報をくれ、私がアイデアを発展させるのを辛抱強く助けてくれた。

また、初期の草稿を読んですこぶる有益なフィードバックをくれた私の友人たち、親戚、そして同僚たち、マーガレット・デンマン、ルイーズ・ヘイズ、ジョー・パーソンズ、チンギス・ロイド・ハリス、キム・パレグ、ジョアン・スタインワックスにも感謝を。

ACTの創始者、スティーブン・ヘイズへの大きな感謝は、言葉で言い表すことは不可能だ。率直に言って、ACTがなければこの本（そして私のキャリア）はあり得なかった。当然、私の感謝はケリー・ウィルソン、カーク・ストローサル、ジョン・フォーサイス、ハンク・ロブ、そしてACTのコミュニティー全体にも及ぶ。このコミュニティーに所属したことは私にとって大きな僥倖だった。皆が協力的であるばかりではなかった。本書に出てくるアイデアの多くは、コミュニティーでのディスカッションから生まれたものだ。また、ACTコミュニティーの外の人々からもポジティブな影響を受けた。特に、ジョン・ゴットマンのカップルについての研究と、アルバート・エリスの理性感情行動療法は特筆すべきものだった。ジョン、アル、ありがとう！

常に援助とアドバイスをくれた私のエージェント、サミー・ジャスティセンにも感謝する。さらに、ジェス・ビービ、テシリア・ハーナウ、マット・マッケイをはじめとする出版社ニュー・ハービンガーのスタッフに、彼らの本書に対する信頼と、彼らの言葉でいう「ハード・ヤッカ（ニュージーランド語のハードワーク）」に大きな感謝を。原稿の余計な部分を削ぎ落とし、形を整えてくれた編集者のジーン・ブラムクイストには最大の感謝を捧げたい。

最後に再び、私に最大の学びと成長の機会を与え、真の愛を経験させてくれた二人の人物、妻のカーメルと息子のマックスに感謝を。

ラス・ハリス　Russ Harris

医師で心理療法士であり、ストレスマネージメントの権威でもある。自らもアクセプタンス&コミットメント・セラピー（ACT）によって不安との戦いを乗り越えた経験を持つ。国の内外を旅して、人生のコーチや心理学者、医者、その他の医療関係者にマインドフルネスの利用方法を指導するワークショップを行っている。英国生まれで現在はオーストラリア・メルボルン在住。

岩下慶一　Keiichi Iwashita

ジャーナリスト・翻訳家。ワシントン大学コミュニケーション学部修士課程修了。主に米国の文化・社会をテーマに執筆を行っている。訳書に『みんな集まれ！　ネットワークが世界を動かす』『幸福になりたいなら幸福になろうとしてはいけない』『金持ち父さんのセカンドチャンス』『金持ち父さんのこうして金持ちはもっと金持ちになる』『タフな米国を取り戻せ』（以上、筑摩書房）、『マインドフル・ワーク』（NHK出版）、『THE TRUMP　傷ついたアメリカ、最強の切り札』（ワニブックス）などがある。

相手は変えられない
ならば自分が変わればいい
マインドフルネスと心理療法ACTでひらく人間関係

2019年5月25日　初版第1刷発行
2024年2月20日　初版第9刷発行

著　者　ラス・ハリス
訳　者　岩下慶一
発行者　喜入冬子
発行所　株式会社 筑摩書房
東京都台東区蔵前2-5-3　〒111-8755
電話番号　03-5687-2601(代表)

装　幀　井上則人・入倉直幹(井上則人デザイン事務所)
印刷・製本　中央精版印刷株式会社

ISBN 978-4-480-84318-0 C0011